중학생이 꼭 알아야 할
교육부 선정 한자 900자!!

KB043307

필수

김영배 편저

중학
900
한자 쓰기

교육부
선정 한자

태을출판사

머 리 말

　문명이 고도로 발전되어 가는 길목에서 싸이버 문화는 인성교육을 낙엽 밟고 지나가듯 도외시하고, 첨단의 미명 아래 우리의 청소년들, 곧 나라의 기둥들이 병들어가고 있습니다. 당장은 해로운 것이 뭐고, 얼마만큼 피폐해 가는지도 모릅니다. 누구도 알려고하지 않기 때문입니다. 그러나 우리가 스스로 언젠가는 거두어들여야 할 그 결과가 얼마나 무서운 것인지 알 때 쯤이면 되돌릴 수 없을 만큼 심각해 질 것이라는 자명한 사실과 싸이버 문화가 주는 편리함이나 즐거움 만큼 그곳에는 독성도 함께 지니고 있다는 것을 우리는 저마다 알고 접근해야 합니다.

　명경지수(明鏡止水), 모름지기 인성교육은 맑은 거울과 고요한 물처럼 마음을 다스리고 가라앉혀서 글을 보거나 쓰는 것이 사고(思考)를 깊게 하고 심지의 뿌리를 견고하게 하는 토양을 가꿀 수 있는 유일한 길입니다.

　그런 인성교육이 뒷바침 되지 않는다면 싸이버 문화에 흠취하고 있는 여러분 자신이 어른이 되어 여러분의 자식에게 위아래없는 방자함과 때로는 가혹하게 구는 어처구니 없는 상황을 스스로 받을 수 밖에 없는 지경이 될 것임을 간과해서는 결코 아니됩니다.

　지금의 현실도 그런 병폐가 하나 둘 나타나고 있습니다. 자식이 부모를 해하고, 자식이 늙은 부모를 버리고… 등등…, 극에 달하는 이기심과 만끽하려는 환락의 추구의 댓가는 스스로 받게 될 인류의 재앙을 우리들 스스로가 만들어 가고 있는 것은 아닐까요? 이제 우리는 공부할 때 입니다. 공부합시다. 그리고 입시 경쟁의 학습에서도 바쁘면 돌아가라는 말처럼 우회하여 우리 마음을 고요하게 다스릴 한자 학습을 묘약으로 삼는다면 다른 학과에도 양지의 효과가 있으리라 확신합니다.

　끝으로 여러분의 밝은 미래와 여러분의 학습 정진에 있어 커다란 성과를 기대해마지 않으며 건투를 빕니다.

편 자 직

두음법칙 1

■ 「ㄴ, ㄹ」의 음이 「ㄴ, ㅇ」으로 발음되는 예

1. 「ㄴ」이 「ㅇ」으로 발음되는 경우			
한자	훈음	구분	예 시
女	계집 녀	여	女子(여자)
		녀	子女(자녀)
年	해 년	연	年度(연도)
		년	少年(소년)
念	생각할 념	염	念願(염원)
		념	紀念(기념)
寧	편안한 녕	영	寧日(영일)
		녕	安寧(안녕)
泥	진흙 니	이	泥田(이전)
		니	狗泥(구니)

2. 「ㄹ」이 「ㅇ」으로 발음되는 경우			
한자	훈음	구분	예 시
掠	노략질할 략	약	掠奪(약탈)
		략	侵掠(침략)
略	간략한 략	약	略圖(약도)
		략	省略(생략)
良	어질 량	양	良心(양심)
		량	不良(불량)
兩	두 량	양	兩國(양국)
		량	千兩(천량)
諒	살필 량	양	諒解(양해)
		량	海諒(해량)
量	헤아릴 량	양	量産(양산)
		량	多量(다량)
糧	양식 량	양	糧食(양식)
		량	食糧(식량)
旅	나그네 려	여	旅行(여행)
		려	行旅(행려)
麗	고울 려	여	麗末(여말)
		려	高麗(고려)
力	힘 력	역	力作(역작)
		력	勞力(노력)
歷	지낼 력	역	歷史(역사)
		력	經歷(경력)
曆	책력 력	역	曆書(역서)
		력	陰曆(음력)
憐	불쌍히여길 련	연	憐憫(연민)
		련	可憐(가련)
戀	사모할 련	연	戀慕(연모)
		련	哀戀(애련)
練	익힐 련	연	練習(연습)
		련	洗練(세련)
鍊	단련할 련	연	鍊武(연무)
		련	老鍊(노련)
連	이를 련	연	連絡(연락)
		련	一連(일련)
聯	잇닿을 련	연	聯合(연합)
		련	關聯(관련)
列	벌일 렬	열	列車(열차)
		렬	一列(일렬)
烈	매울 렬	열	烈女(열녀)
		렬	强烈(강렬)
劣	용렬할 렬	열	劣等(열등)
		렬	拙劣(졸렬)
廉	청렴할 렴	염	廉價(염가)
		렴	低廉(저렴)
令	명령할 령	영	令狀(영장)
		령	發令(발령)
領	거느릴 령	영	領收(영수)
		령	要領(요령)
嶺	재 령	영	嶺東(영동)
		령	峻嶺(준령)
零	떨어질 령	영	零下(영하)
		령	急零(급령)
靈	신령 령	영	靈魂(영혼)
		령	神靈(신령)
禮	예절 례	예	禮節(예절)
		례	缺禮(결례)
例	보기 례	예	例文(예문)
		례	先例(선례)
料	헤아릴 료	요	料金(요금)
		료	材料(재료)
龍	용 룡	용	龍宮(용궁)
		룡	恐龍(공룡)
流	흐를 류	유	流行(유행)
		류	下流(하류)
留	머무를 류	유	留保(유보)
		류	停留(정류)

두음법칙 2

■ 「ㄴ, ㄹ」의 음이 「ㄴ, ㅇ」으로 발음되는 예

類	무리	류	유	類事(유사)
			류	分類(분류)
柳	버들	류	유	柳枝(유지)
			류	花柳(화류)
六	여섯	륙	육	六法(육법)
			륙	五六(오육)
陸	뭍	륙	육	陸地(육지)
			륙	大陸(대륙)
倫	인륜	륜	윤	倫理(윤리)
			륜	不倫(불륜)
輪	바퀴	륜	윤	輪番(윤번)
			륜	年輪(연륜)
律	음률	률	율	律動(율동)
			률	音律(음률)
隆	성할	륭	융	隆盛(융성)
			륭	興隆(흥륭)
里	마을	리	이	里長(이장)
			리	十里(십리)
理	이치	리	이	理致(이치)
			리	管理(관리)
利	이로울	리	이	利己(이기)
			리	便利(편리)
李	오얏	리	이	李朝(이조)
			리	桃李(도리)
履	밟을	리	이	履歷(이력)
			리	踐履(천리)
離	떠날	리	이	離別(이별)
			리	距離(거리)
隣	이웃	린	인	隣近(인근)
			린	善隣(선린)
林	수풀	림	임	林野(임야)
			림	密林(밀림)
臨	임할	림	임	臨時(임시)
			림	君臨(군림)
立	설	립	입	立法(입법)
			립	設立(설립)

3. 「ㄹ」이 「ㄴ」으로 발음되는 경우

한자	훈 음		구분	예 시
羅	그물	라	나	羅城(나성)
			라	網羅(망라)

落	떨어질	락	낙	落葉(낙엽)
			락	脫落(탈락)
卵	알	란	난	卵子(난자)
			란	産卵(산란)
亂	어지러울	란	난	亂局(난국)
			란	混亂(혼란)
欄	난간	란	난	欄干(난간)
			란	空欄(공란)
蘭	난초	란	난	蘭草(난초)
			란	春蘭(춘란)
覽	볼	람	남	覽觀(남관)
			람	展覽(전람)
濫	넘칠	람	남	濫用(남용)
			람	氾濫(범람)
朗	밝을	랑	낭	朗誦(낭송)
			랑	明朗(명랑)
郎	사내	랑	낭	郎君(낭군)
			랑	新郎(신랑)
來	올	래	내	來日(내일)
			래	去來(거래)
冷	찰	랭	냉	冷凍(냉동)
			랭	急冷(급랭)
老	늙을	로	노	老人(노인)
			로	敬老(경로)
勞	일할	로	노	勞力(노력)
			로	疲勞(피로)
路	길	로	노	路線(노선)
			로	道路(도로)
露	이슬	로	노	露出(노출)
			로	暴露(폭로)
綠	푸를	록	녹	綠末(녹말)
			록	草綠(초록)
錄	기록할	록	녹	錄音(녹음)
			록	記錄(기록)
鹿	사슴	록	녹	鹿角(녹각)
			록	白鹿(백록)
論	논의할	론	논	論理(논리)
			론	結論(결론)
弄	희롱할	롱	농	弄談(농담)
			롱	愚弄(우롱)

漢字의 六書

  아무리 많은 한자일지라도, 또 그 모양이 아무리 복잡한 것일지라도 그것 모두는 「육서(六書)」, 즉 다음 여섯 가지의 방법에 의해 만들어졌다.

여기서 육서(六書)란 상형 · 지사 · 회의 · 형성 · 전주 · 가차문자를 말하는데 그 내용은 다음과 같다.

1. 상형문자(象形文字) : 어떤 사물의 모양을 본떠서 만든 문자.

  • 日은 해(☼), 月은 달(♪)을 본뜬 글자이다.

2. 지사문자(指事文字) : 형상으로 나타낼 수 없는 추상적인 생각이나 뜻을 선이나 점으로 표현한 글자.

  • 上은 위(━)를, 下는 아래(┳)를 뜻함.

3. 회의문자(會意文字) : 이미 있는 둘 이상의 문자를 결합하여 새로운 뜻을 나타내는 문자.

  • 男 : [田+力] → 男은 밭에서 힘쓰는 사람 곧 '사내' 를 뜻하는 문자라는 등을 말함.

4. 형성문자(形聲文字) : 이미 있는 문자를 결합하여 한 쪽은 뜻(형부)을, 한쪽은 음(성부)을 나타내는 문자.

  • 淸 : [氵(水) → 뜻 + 靑(청) → 음] 淸(청)은 氵(水)는 '물' 의 뜻을, 靑은 '청' 이라는 음을 나타내어 '맑을 청' 자가 됨.

5. 전주문자(轉注文字) : 이상 네 가지 문자의 본디 뜻을 바꾸어 새로운 뜻으로 나타내는 문자.

  • 長 : 길다(장) → 어른(장), 惡 : 나쁘다(악) → 미워하다(오)

6. 가차문자(假借文字) : 전주문자는 뜻을 전용했지만 가차는 문자의 음을 빌려 쓰는 방법이다(주로 외래어 표기에 이용된다).

  • 亞細亞-아세아, 印度-인디아.

일 러 두 기

1. 바른자세

글씨를 예쁘게 쓰고자 하는 마음과 함께 몸가짐을 바르게 해야 아름다운 글씨를 쓸 수 있다. 편안하고 부드러운 자세를 갖고 써야 한다.
① 앉은자세 : 방바닥에 앉은 자세로 쓸 때에는 양 엄지 발가락과 발바닥의 윗 부분을 얕게 포개어 앉고, 배가 책상에 닿지 않도록 한다. 그리고 상체는 앞으로 약간 숙여 눈이 지면에서 30cm 정도 떨어지게 하고, 왼손으로는 종이를 가볍게 누른다.
② 걸터앉은 자세 : 걸상에 앉아 쓸 경우에도 앉을 때 두 다리를 어깨 넓이만큼 뒤로 잡아 당겨 편안한 자세를 취한다.

2. 펜대를 잡는 요령

① 펜대는 펜대끝에서 1cm가량 되게 잡는 것이 알맞다.
② 펜대는 45~60°만큼 몸쪽으로 기울어지게 잡는다.
③ 집게 손가락과 가운데 손가락, 엄지 손가락 끝으로 펜대를 가볍게 쥐고 양손가락의 손톱 부리께로 펜대를 안에서부터 받쳐 잡고 새끼 손가락을 바닥에 받쳐 준다.
④ 지면에 손목을 굳게 붙이면 손가락 끝 만으로 쓰게 되므로 손가락 끝이나 손목에 의지하지 말고 팔로 쓰는 듯한 느낌으로 쓴다.

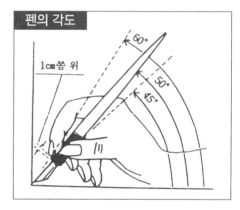

펜의 각도

1cm쯤 위
60°
50°
45°

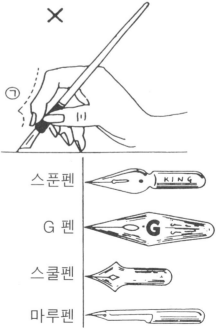

×

3. 펜촉을 고르는 방법

① 스푼펜 : 사무용에 적합한 펜으로, 끝이 약간 굽은 것이 좋다.(가장 널리 쓰임)
② G 펜 : 펜촉 끝이 뾰족하고 탄력성이 있어 숫자나 로마자를 쓰기에 알맞다.(연습용으로 많이 쓰임)
③ 스쿨펜 : G펜보다 작은데, 가는 글씨 쓰기에 알맞다.
④ 마루펜 : 제도용으로 쓰이며, 특히 선을 긋는 데에 알맞다.

스푼펜 KING

G 펜 G

스쿨펜

마루펜

한자의 기본 점 · 획

◆ 기본이 되는 점과 획을 충분히 연습한 다음 본문의 글자를 쓰십시오.

上 工 王 少 大 女 人 寸 下 中 目 句 子

一 二 三 丿 丿 乀 丨 丨 丨 フ フ 乀

◆ 기본이 되는 점과 획을 충분히 연습한 다음 본문의 글자를 쓰십시오.

京	丶								
永	丶								
小	八								
火	丶								
千	丿								
江	氵								
無	灬								
起	走								
建	廴								
近	辶								
成	乀								
毛	乚								
室	宀								
風	乁								

漢字의 一般的인 筆順

1	위에서 아래로

위를 먼저 쓰고 아래는 나중에

一　二　三,　一　丁　工

2	왼쪽서 오른쪽으로

왼쪽을 먼저, 오른쪽을 나중에

丿　川　川,　丿　亻　什　代　代

3	밖에서 안으로

둘러싼 밖을 먼저, 안을 나중에

丨　冂　月　日,　丨　冂　冊　冊　田

4	안에서 밖으로

내려긋는 획을 먼저, 삐침을 나중에

亅　小　小,　一　二　亍　示

5	왼쪽 삐침을 먼저

① 左右에 삐침이 있을 경우

亅　小　小,　一　十　土　丰　圭　赤　赤

② 삐침사이에 세로획이 없는 경우

丿　ㄹ　尸　尺,　亠　六　六

6	세로획을 나중을

위에서 아래로 내려긋는 획을 나중에

丨　冂　曱　中,　丨　冂　冃　日　甲

7	가로 꿰뚫는 획은 나중에

가로획을 나중에 쓰는 경우

乀　女　女,　乛　了　子

8	오른쪽 위의 점은 나중에

오른쪽 위의 점을 맨 나중에 찍음

一　ナ　大　犬,　一　二　三　式　式

9	책받침은 맨 나중에

一　厂　斤　斤　斤　近　近

丷　丷　当　羊　关　关　送　送

10	가로획을 먼저

가로획과 세로획이 교차하는 경우

一　十　古　古　古,　一　十　士　声　志

一　十　方　支,　一　十　土

一　二　丰　末　末,　一　十　卅　卅　共　共

11	세로획을 먼저

① 세로획을 먼저 쓰는 경우

丨　冂　冎　由　由,　丨　冂　冊　用　田

② 둘러쌓여 있지 않는 경우는 가로획을 먼저 쓴다.

一　丁　干　王,　丶　二　十　丰　主

12	가로획과 왼쪽 삐침

① 가로획을 먼저 쓰는 경우

一　ナ　ナ　左　左,　一　ナ　ナ　存　存

② 위에서 아래로 삐침을 먼저 쓰는 경우

丿　ナ　オ　右　右,　丿　ナ　ナ　有　有

♣ 여기에서의 漢字 筆順은 外의 것들도 많지만 대개 一般的으로 널리 쓰여지는 것임.

필수中學九百漢字

加減	可能	街路	假名	歌手
가감 : ① 더하거나 뺌. ②보태거나 덞. ③ 더하거나 덜어서 알맞게 조절함.	기능 : ① 할 수 있음. ② 될 수 있음. 예 가능한도(可能限度)	가로 : ① 도시의 넓고 큰 길. ② 가로수가 우거진 길 예 가로수목(街路樹木)	가명 : ① 본명이 아닌 가짜 이름. ② 임시로 지어 부르는 이름.	가수 : 노래를 부르는 것을 업으로 하는 사람. 예 인기가수(人氣歌手)

加	減	可	能	街	路	假	名	歌	手
더할 가	덜 감	옳을 가	능할 능	거리 가	길 로	거짓 가	이름 명	노래 가	손 수

필수 中學九百漢字
TAEILL's Work Book

佳 約	家 庭	脚 本	各 處	看 過
가약 : ① 좋은 언약. ② 가인과 만날 약속. ③ 부부가 되기로 한 약속. **예** 백년가약(百年佳約)	**가정** : 가족이 함께 생활하는, 사회의 가장 작은 집단. **예** 가정교사(家庭教師)	**각본** : 연극·영화 등의 대사·동작·무대 장치 등을 자세히 적은 대본.	**각처** : 여러 지방, 여러 곳. 모든 곳. **예** 지방각처(地方各處)	**간과** : 깊이 관심을 두지 않고 예사로이 흘려버림. **예** 간과사실(看過事實)

佳	約	家	庭	脚	本	各	處	看	過
아름다울 가	맺을 약	집 가	뜰 정	다리 각	근본 본	각각 각	곳 처	볼 간	지날 과

필수 中學九百漢字

TAEILL's Work Book

干城	感謝	甘酒	甲乙	講堂
간성 : 방패와 성이란 뜻으로 나라를 지키는 군인을 이르는 말. 예 구국간성(救國干城)	감사 : ① 고마움. ② 고맙게 여김. 예 감사인사(感謝人事)	감주 : 단술. 엿기름을 우린 물에 지에밥을 넣고 삭혀서 달인 국물.	갑을 : ① 십간의 이름으로 갑과 을. ② 첫째와 둘째. ③ 이 사람. 저 사람.	강당 : 강연·강의·의식 등을 하기 위하여 특별히 마련한 큰 방.

干	城	感	謝	甘	酒	甲	乙	講	堂
방패 간	재 성	느낄 감	사례할 사	달 감	술 주	갑옷 갑	새 을	강론할 강	집 당

必須 중학생이 알아야 할 故事成語(고사성어)

● 肝膽相照(간담상조) 간과 담이 서로 비춘다는 말로 서로 마음을 터놓고 진정으로 사귄다는 말.

● 甘言利說(감언이설) 남의 비위를 맞추어 달콤한 말과 이로운 조건을 내세워 꾀이는 말.

필수 中學九百漢字
TAEILL's Work Book

强 弱	皆 勤	個 人	開 閉	改 革
강약 : ① 강함과 약함. ② 강자와 약자. 예 음정강약(音程强弱)	**개근** : 휴일 이외에는 하루도 빠짐없이 출석하거나 출근함. 예 개근상장(皆勤賞狀)	**개인** : ① 어떤 집단의 구성 요소로서의 한 사람. ② 한 인간. 예 개인기량(個人技倆)	**개폐** : 열거나 닫거나 하는 일. 여는 것과 닫는 것. 여닫이. 예 개폐장치(開閉裝置)	**개혁** : ① 새롭게 고침. ② 체제나 제도 등을 합법적으로 고쳐 나감. 예 제도개혁(制度改革)

强	弱	皆	勤	個	人	開	閉	改	革
강할 강	약할 약	모두 개	부지런할 근	낱 개	사람 인	열 개	닫을 폐	고칠 개	가죽 혁

필수 中學九百漢字

TAEILL's Work Book

오늘의 명언

♣ 교육의 목적은 기계를 만드는 것에 있지 않고, 사람을 만드는 것에 있다.

장자크 루소

更新	巨木	居住	去就	乾坤
갱신 : 다시 새롭게 함. 다시 새로워짐. 다시 새롭게 바꿈. 예 기록갱신 (記錄更新)	**거목** : ① 매우 큰 나무. ② 지위가 있는 큰 인물을 비유한 말. 예 거목거물(巨木巨物)	**거주** : 일정한 곳에 자리에 잡고 머물러서 삶, 또는 그 곳. 예 거주지역 (居住地域)	**거취** : ① 어떤 사람의 움직임이나 동향. ② 자기의 처지나 진퇴를 정하는 것.	**건곤** : ① 하늘과 땅. ② 하늘과 땅을 상징하는 건과 곤. ③ 음양. 남성과 여성.

更	新	巨	木	居	住	去	就	乾	坤
다시 갱	새 신	클 거	나무 목	살 거	머무를 주	갈 거	이룰 취	하늘 건	땅 곤

必須 중학생이 알아야 할 故事成語(고사성어)

● **蓋世之才(개세지재)** 세상을 여유있게 다스릴 만한 뛰어난 재주와 기량.

● **乾坤一擲(건곤일척)** 운명과 흥망성쇠를 걸고 단판으로 승부나 성패를 겨룸.

中學九百漢字
필수 TAEILL's Work Book

建物	堅固	犬馬	見學	結果
건물 : 사람이 들어 살거나, 일을 하거나, 물건을 저장하기 위해 지은 집. 예 건물건축(建物建築)	견고 : 사물이나 또는 사람의 의지 따위가 굳고 튼튼함. 예 견고수비(堅固守備)	견마 : 주인을 위해 애쓰는 개와 말처럼 자기 정성을 비유한 말. 예 견마지로(犬馬之勞)	견학 : 구체적인 지식을 얻기 위해 나가 실제를 보고 익힘. 예 공장견학(工場見學)	결과 : 어떤 까닭으로 말미암아 이루어진 결말의 상태. 예 원인결과(原因結果)

建	物	堅	固	犬	馬	見	學	結	果
세울 건	만물 물	굳을 견	굳을 고	개 견	말 마	볼 견	배울 학	맺을 결	과실 과

必須 **중학생이 알아야 할 故事成語(고사성어)**

● 牽强附會 (견강부회) 이론이나 이유 등을 자기 편에 유리하도록 끌어 붙임.

● 見利思義 (견리사의) 눈앞에 이익이 보일 때 의리를 생각함.

筆수 中學九百漢字 ●
TAEILL's Work Book

決定	敬拜	慶事	經由	競爭
결정 : 결단을 내려 확정함. 또는 그 확정한 것이나 내용. 예 진학결정(進學決定)	**경배** : 존귀한 사람이나 신에게 공경하여 공손히 절함. 예 찬양경배(讚揚敬拜)	**경사** : 축하할 만한 매우 즐겁고 기쁜 일. 예 경사축하(慶事祝賀)	**경유** : 가던 길에 어떤 곳을 거쳐서 지나감. 예 대전경유(大田經由)	**경쟁** : 서로 앞서거나 뒷서거나 하며 이기려고 다툼. 예 경쟁심리(競爭心理)

決	定	敬	拜	慶	事	經	由	競	爭
정할 결	정할 정	공경할 경	절 배	경사 경	일 사	경서 경	말미암을 유	다툴 경	다툴 쟁

必須 중학생이 알아야 할 故事成語(고사성어)

● 犬馬之勞(견마지로) 나라와 군왕에게 충성을 다하는 노력.
● 犬馬之忠(견마지충) 개나 말처럼 자기의 몸을 아끼지 아니하고 나라에 바치어 헌신하는 자기의 충성.

中學九百漢字
TAEILL's Work Book
필수

오늘의 명언
♣ 집에 편안히 앉아 있을 때 가장 튼튼한 탑을 가장 높은 벽을 가지고 있지 않다는 것을 늘 생각하라.
윌리엄 모리스

輕重	庚辰	景致	溪谷	鷄卵
경중: ① 가벼움과 무거움. ② 중요한 것과 중요하지 않은 것. 예 사안경중(事案輕重)	경진: 육십갑자의 열일곱째. 예 경진년(庚辰年)	경치: 산이나 강 따위 자연의 아름다운 풍경이나 운치. 예 산수경치(山水景致)	가곡: 산 등에서 물이 흐르는 골짜기. 예 기암계곡(奇岩溪谷)	계란: 달걀. 닭이 낳은 알. 예 계란요리(鷄卵料理)

輕	重	庚	辰	景	致	溪	谷	鷄	卵
가벼울 경	무거울 중	천간 경	별 진	빛 경	이를 치	시내 계	골 곡	닭 계	알 란

中學九百漢字
필수
TAEILL's Work Book

오늘의 명언

♣ 그대가 남에게 주기 위하여 스스로 무엇인가를 부인하지 않으면, 그대가 남에게 베풀때 절대로 자신이 관용스럽다고 생각하지 말라.
헨리 테일러

計算	季節	癸丑	高低	故鄉
계산 : ① 수량 따위를 셈. ② 식을 연산하여 수치나 값을 구하는 일. 예 계산기(計算器)	계절 : 한 해를 날씨에 따라 네 철로 나눈 그 한 철. 예 독서계절(讀書季節)	계축 : 육십갑자의 쉰째의 간지. 예 계축년(癸丑年)	고저 : ① 높낮이. 높고 낮음. ② 값이나 성능·품질 따위의 등급. 예 고저장단(高低長短)	고향 : ① 태어나서 자란 곳. ② 조상 대대로 살아온 곳. 예 고향산천(故鄉山川)

計	算	季	節	癸	丑	高	低	故	鄉
셈할 계	셈할 산	철 계	마디 절	천간 계	소 축	높을 고	낮을 저	연고 고	고을 향

計	算	季	節	癸	丑	高	低	故	鄉

必須 중학생이 알아야 할 故事成語(고사성어)

● 結草報恩(결초보은) 죽어 혼령이 되어도 은혜를 잊지 않고 갚는다는 말.

● 謙讓之德(겸양지덕) 겸손함과 사양함의 아름다운 덕성.

中學九百漢字
필수
TAEILL's Work Book

曲直	困難	骨肉	功勞	公私
곡직 : ① 굽음과 곧음. ② 사리의 옳고 그름. 예 불문곡직(不問曲直)	**곤란** : ① 처리하기 어려움. ② 생활·형편 따위가 곤궁함. 예 형편곤란(形便困難)	**골육** : ① 뼈와 살. 골격과 피부. ② 형제 자매 등 가까운 혈족. 예 골육상잔(骨肉相殘)	**공로** : 국가·단체 따위에서 어떤 일에 이바지한 공적과 노력. 예 공로상장(功勞賞狀)	**공사** : ① 공적인 일과 사적인 일. ② 정부와 민간. 예 공사다망(公私多忙)

曲	直	困	難	骨	肉	功	勞	公	私
굽을 곡	곧을 직	곤할 곤	어려울 난	뼈 골	고기 육	공 공	수고할 로	공변될 공	사사 사

필수 中學九百漢字 •
TAEILL's Work Book

共有	工場	空海	科目	課題
공유 : 두 사람 이상이 한 물건을 공동으로 소유하는 것. **예** 공동소유(共同所有)	**공장** : 근로자가 기계 따위를 사용해서 물건 등을 만들어 내는 시설. **예** 공장건물(工場建物)	**공해** : ① 하늘과 바다. ② 하늘처럼 가이없는 바다. ③ 공군과 해군. **예** 공해선상(公海線上)	**과목** : ① 분야별로 나눈 교과의 구성 단위. ② 사물을 분류한 조목. **예** 과목별(科目別)	**과제** : ① 주어진 문제나 임무. ② 학교에서 내주는 숙제. **예** 방학과제(放學課題)

共	有	工	場	空	海	科	目	課	題
함께 공	있을 유	장인 공	마당 장	하늘 공	바다 해	과목 과	눈 목	매길 과	제목 제

必須 중학생이 알아야 할 故事成語(고사성어)

● 敬而遠之(경이원지) ① 겉으로는 공경하는 척하나 마음 속으로는 멀리함. ② 존경하기는 하나 가까이하지는 아니함. (준) 敬遠(경원).

● 經天緯地(경천위지) 온 천하를 경륜하여 다스림.

필수 中學九百漢字
TAEILL's Work Book

觀光	官舍	關心	廣告	校門
관광 : 다른 나라·다른 지방의 풍물·풍속 따위를 구경함. 예 관광열차(觀光列車)	관사 : 어느 곳에 파견된 관리가 살도록 관에서 지은 집. 예 관리관사(官吏官舍)	관심 : 어떤 사물에 마음이 끌리어 주의를 기울이는 일. 예 이성관심(異性關心)	광고 : ① 세상에 널리 알림. ② 상품 등의 상업적인 선전이나 그 문안. 예 선전광고(宣傳廣告)	교문 : 학교의 정문. 학교 안으로 들어갈 수 있는 정문. 예 등하교문(燈下校門)

觀	光	官	舍	關	心	廣	告	校	門
볼 관	빛 광	벼슬 관	집 사	빗장 관	마음 심	넓을 광	고할 고	학교 교	문 문

觀	光	官	舍	關	心	廣	告	校	門

必須 중학생이 알아야 할 故事成語(고사성어)

● 鷄口牛後(계구우후) 닭의 입과 소의 꼬리라는 말로써, 큰 단체의 말단보다 작은 단체의 수뇌가 되라는 경구.

● 鷄卵有骨(계란유골) 달걀에도 뼈가 있다는 뜻으로, 공교롭게 일이 방해될 수 있다는 말.

필수 中學九百漢字
TAEILL's Work Book

交 通	救 急	口 鼻	九 十	國 軍
교통 : 사람이나 차·배·비행기 따위가 일정하게 오가는 일. 예 교통위반(交通違反)	**구급** : 위급한 처지에 놓여 있는 사람을 구하는 일. 예 구급환자(救急患者)	**구비** : 입과 코. 예 이목구비(耳目口鼻)	**구십** : ① 십의 아홉배. ② 아흔. 예 구십춘광(九十春光)	**군군** : ① 한 나라의 군대. ② 우리 나라의 군대. 예 국군용사(國軍勇士)

交	通	救	急	口	鼻	九	十	國	軍
사귈 교	통할 통	구원할 구	급할 급	입 구	코 비	아홉 구	열 십	나라 국	군사 군

交	通	救	急	口	鼻	九	十	國	軍

必須 중학생이 알아야 할 故事成語(고사성어)

- 鷄鳴拘盜 (계명구도) 천한 재주로 떠돌아 다니는 인생이란 말.
- 孤軍奮鬪 (고군분투) ①수가 적고 후원이 없는 외로운 군대가 힘에 겨운 적과 용감하게 싸움. ② 약한 힘으로 남의 도움도 없이 힘에 겨운 일을 해나감.

筆須 中學九百漢字
TAEILL's Work Book

郡面	勸勉	權勢	歸京	貴下
군면 : 지방 행정 구역으로서 군과 면. 예 군면동리(郡面洞里)	권면 : 어떤 일을 권하고 격려하여 힘쓰게 함. 예 권면권장(勸勉勸奬)	권세 : 권력과 세력. 예 권문세가(權門勢家)	귀경 : 지방에서 서울로 돌아가거나 돌아옴. 예 귀경귀향(歸京歸鄕)	귀하 : 상대방을 높이어서 그의 이름대신 부르는 말. 예 귀하의견(貴下意見)

郡	面	勸	勉	權	勢	歸	京	貴	下
고을 군	낮 면	권할 권	힘쓸 면	권세 권	세력 세	돌아올 귀	서울 경	귀할 귀	아래 하

筆수 中學九百漢字
TAEILL's Work Book

極盡	近方	禁止	給油	及第
극진 : 마음과 힘을 들이는 정성이 그 이상 더할 수 없음. 예 극진접대(極盡接待)	**근방** : 가까운 곳. 근처. 부근. 예 근방처소(近方處所)	**금지** : 어떤 특정한 행위 따위를 하지 못하도록 함. 예 금지구역(禁止區域)	**급유** : 항공기·선박·자동차·기계 따위에 연료를 공급하거나 기름을 침. 예 공급유(供給油)	**급제** : ① 과거에 합격하던 일. ② 시험·검사 따위에 합격함. 예 문과급제(文科及第)

極	盡	近	方	禁	止	給	油	及	第
지극할 극	다할 진	가까울 근	모 방	금할 금	그칠 지	줄 급	기름 유	미칠 급	차례 제

極	盡	近	方	禁	止	給	油	及	第

必須 중학생이 알아야 할 故事成語(고사성어)

● 孤掌難鳴(고장난명) 「외 손뼉이 우랴」하는 뜻으로, 혼자서는 일이 잘 안됨을 비유하는 말.

● 苦盡甘來(고진감래) 쓴 맛을 다하면 좋은 일이 온다는 뜻으로, 고생 끝에 복이 찾아온다는 말. (반) 興盡悲來(흥진비래).

필수 中學九百漢字
TAEILL's Work Book

起伏	己巳	幾死	記憶	技藝
기복 : ① 일어섬과 엎드림. ② 높아졌다 낮아졌다 함. ③ 강해졌다 약해졌다 함.	**기사** : 육십갑자의 여섯째. 예 기사년(己巳年)	**기사** : 거의 다 죽게 됨. 거의 죽어 감.	**기억** : 지난 날 일들을 잊지 않고 외어 둠. 또는 그 내용. 예 기억상실(記憶喪失)	**기예** : 기술·기교와 예술. 미술·공예 등에 관한 기술. 예 기예출중(技藝出衆)

起	伏	己	巳	幾	死	記	憶	技	藝
일어날 기	엎드릴 복	몸 기	뱀 사	몇 기	죽을 사	기록할 기	생각할 억	재주 기	재주 예

必須 중학생이 알아야 할 故事成語(고사성어)

● **苦肉之計(고육지계)** 고육지책과 같은 말로 괴로운 나머지 어쩔 수 없이 쓰는 계책을 이르는 말.

● **骨肉相爭(골육상쟁)** 뼈와 살이 서로 맞부딪히어 싸운다는 말로 동족끼리의 싸움을 비유함.

筆수 中學九百漢字
TAEILL's Work Book

오늘의 명언

♣ 자기를 먼저 이 세상에 필요한 사람이 되도록 하라. 그러면 저절로 빵은 생길 것이다.

R. W. 에머슨

旣往	基調	其他	吉鳥	落葉
기왕 : ① 이미 지나간 때. 과거. ② 이미, 벌써, 이왕. 예 기왕지사(旣往之事)	기조 : ① 사상·작품·학설 등의 기본적인 경향. ② 주조음. 예 기조연설(基調演說)	기타 : 어떤 사안의 그것 밖의 또 다른 것. 예 기타사항(其他事項)	길조 : 사람에게 어떤 길한 일이 생김을 미리 알려 준다는 새. 반 흉조(凶鳥)	낙엽 : ① 나뭇잎이 떨어짐. ② 말라서 떨어진 나뭇잎. 예 추풍낙엽(秋風落葉)

旣	往	基	調	其	他	吉	鳥	落	葉
이미 기	갈 왕	터 기	고를 조	그 기	다를 타	길할 길	새 조	떨어질 락	잎사귀 엽

旣往	基調	其他	吉鳥	落葉

中學九百漢字
필수

TAEILL's Work Book

男 女	南 北	郎 君	内 外	乃 至
남녀 : ① 남자와 여자. ② 남녀 모든 사람. 예 남녀노소(男女老少)	**남북** : ① 남쪽과 북쪽. ② 남한과 북한을 지칭하기도 함. 예 남북대화 (南北對話)	**낭군** : 젊은 아내가, 또는 아내가 남편을 정답게 일컫는 말. 예 낭군애정 (郎君愛情)	**내외** : ① 안과 밖. 안팎. ② 부부. ③ 국내와 국외. ④ 그에 가까운 수효. 예 내외신(內外信)	**내지** : 수량을 나타내는 말 사이에 끼어 「얼마에서 얼마까지」의 뜻으로 쓰임.

男	女	南	北	郎	君	内	外	乃	至
사내 남	계집 녀	남녘 남	북녘 북	사내 랑	임금 군	안 내	바깥 외	이에 내	이를 지

筆수 中學九百漢字
TAEILL's Work Book

農耕	多少	單價	端午	但只
농경 : 논밭을 갈고 가꾸며 농사를 지음. **예** 농경사회(農耕社會)	**다소** : ① 수효·분량·정도 따위의 많음과 적음. ② 어느 정도. **예** 다소긴장(多少緊張)	**단가** : 어떤 물건·상품 따위의 낱개의 값. **예** 제품단가(製品單價)	**단오** : 민속에서 음력 오월 초닷샛날을 명절로 이르는 말. **비** 중오절(重五節)	**단지** : 다만. 한갓. **예** 단지처분(但只處分)

農	耕	多	少	單	價	端	午	但	只
농사 농	밭갈 경	많을 다	적을 소	단위 단	값 가	끝 단	낮 오	다만 단	다만 지

必 中學九百漢字
TAEILL's Work Book
수

達 成	談 笑	待 接	代 表	道 德
달성 : 어떤 정해진 목적이나 뜻한 바를 이룸. 예 목표달성(目標達成)	담소 : 스스럼없이 웃으며 이야기함. 언소. 예 다정담소(多情談笑)	대접 : 손님을 맞아 정성껏 음식을 차려 먹게 함. 예 귀빈접대(貴賓接待)	대표 : 개인·단체·전체 등을 대신하여 의사나 성질을 외부에 나타냄. 예 대표자(代表者)	도덕 : 사람으로서 마땅히 지켜야 할 도리, 또는 그것을 실천하는 행위의 총체.

達	成	談	笑	待	接	代	表	道	德
통달할 달	이룰 성	말씀 담	웃음 소	기다릴 대	붙일 접	대신할 대	겉 표	길 도	큰 덕

필수 中學九百漢字 TAEILL's Work Book

都市	圖案	逃走	到着	獨立
도시 : 경제·행정·문화·교통·편의 시설이 집중되어 있는 지역. 예 도시농촌(都市農村)	도안 : 미술·공예·건축 등의 작품을 만들 때 세부적으로 나타내는 그림.	도주 : ① 도망. 다른 사람 몰래 피해 달아남. ② 쫓기어 달아남. 예 도망도주(逃亡逃走)	도착 : 여행·출장 따위의 목적지에 다다름. 예 도착시간(到着時間)	독립 : ① 다른 것에 딸리거나 기대지 않음. ② 한 나라가 완전한 주권을 행사함.

都	市	圖	案	逃	走	到	着	獨	立
도읍 도	저자 시	그림 도	책상 안	달아날 도	달아날 주	이를 도	붙을 착	홀로 독	설 립

必수 中學九百漢字
TAEILL's Work Book

讀書	洞里	東西	頭序	豆太
독서 : 책·잡지 따위를 읽음. 예 독서주간(讀書週間)	동리 : ① 지방 행정 구역인 동과 리. ② 마을. 예 동리이장(洞里里長)	동서 : ① 동쪽과 서쪽. ② 동양과 서양. ③ 자유진영과 공산진영. 예 동서고금(東西古今)	두서 : 원래 어휘는 「서두(序頭)」로 어떤 일에 있어 차례의 첫머리를 이르는 말.	두태 : ① 콩과 팥. ② 인체의 불필요한 물질을 오줌으로 배설하는 콩팥인 신장.

讀	書	洞	里	東	西	頭	序	豆	太
읽을 독	글 서	고을 동	마을 리	동녘 동	서녘 서	머리 두	차례 서	콩 두	클 태

중학생이 알아야 할 故事成語(고사성어)

● 九牛一毛(구우일모) 아홉 마리 소에 한 가닥의 털이란 뜻으로, 썩 많은 가운데 극히 적은 것을 비유하는 말.

● 舊友之感(구우지감) 옛 친구를 추모하여 기리는 우정을 이르는 말.

中學九百漢字
TAEILL's Work Book
필수

得失	等位	登頂	燈火	莫甚
득실 : ① 얻음과 잃음. ② 이익과 손해. 이해. ③ 성공과 실패. 예 이해득실(利害得失)	등위 : ① 등급. ② 값·품질·신분 따위의 높고 낮음. ③ 좋고 나쁨의 차를 나눈 급수.	등정 : 등산 등의 목적으로 산 꼭대기에 오름. 예 암산등정(岩山登頂)	등화 : ① 등에 켜진 불. 등불. ② 등잔불. 예 등화가친(燈火可親)	막심 : ① 매우 심함. ② 아주 대단함. 예 피해막심(被害莫甚)

得	失	等	位	登	頂	燈	火	莫	甚
얻을 득	잃을 실	무리 등	벼슬 위	오를 등	정수리 정	등잔 등	불 화	없을 막	심할 심

中學九百漢字
TAEILL's Work Book
필수

滿足	賣買	每回	麥飯	免許
만족: ① 마음에 부족함이 없이 흐뭇함. ② 부족함이 없이 충분함. 예 만족흡족(滿足洽足)	**매매**: ① 팔고 삼. ② 파는 일과 사는 일. 예 매매상점(賣買商店)	**매회**: ① 각 회. ② 각 회마다. 매번. 예 매일매회(每日每回)	**맥반**: 보리밥. 쌀에 보리를 섞거나 보리쌀로만 지은 밥. 예 맥반소찬(麥飯素饌)	**면허**: 국가나 특정 기관에서 어떤 기술 따위의 자격을 인정하여 줌. 또는 그 자격.

滿	足	賣	買	每	回	麥	飯	免	許
찰 만	발 족	팔 매	살 매	매양 매	돌아올 회	보리 맥	밥 반	면할 면	허락할 허

中學九百漢字
筆수 TAEILL's Work Book

오늘의 명언

♣ 기도는 음악처럼 신성하고 구원이 된다. 기도는 신뢰이며 확인이다. 진정 기도하는 자는 원하지 않는다. 단지 자기의 경우와 고뇌를 말할 뿐이다.

헤르만 헤세

命 令	明 暗	暮 煙	毛 皮	茂 盛
명령 : ① 윗사람이 아랫사람에게 시킴. ② 행정기관이나 법원의 령이나 부령 따위.	명암 : ① 밝음과 어두움. ② 기쁨과 슬픔. ③ 행복과 불행. 예 명암교차(明暗交差)	모연 : ① 저녁 연기. ② 대개 시골집 굴뚝에서 저녁녘에 피어 오르는 연기.	모피 : ① 털과 가죽. ② 대개 동물의 털가죽. 예 양모우피(羊毛牛皮)	무성 : ① 초목이 우거짐. ② 어떤 사물이 썩 많음을 비유함. 예 무성잡초(茂盛雜草)

命	令	明	暗	暮	煙	毛	皮	茂	盛
목숨 명	명령할 령	밝을 명	어두울 암	저물 모	연기 연	털 모	가죽 피	무성할 무	성할 성

必須 중학생이 알아야 할 故事成語(고사성어)

● 權謀術數(권모술수)   그때 그때의 형편에 따라 변통성 있게 둘러 맞추는 모략이나 수단.

● 勸善懲惡(권선징악)   착한 행실을 권장하고 나쁜 행위를 징계함.

筆수 中學九百漢字
TAEILL's Work Book

오늘의 명언

♣ 자기의 길을 굽혀서 부정을 하고 있는 자가 다른 사람의 부정을 고쳐준 예(例)는 아직도 없다. 먼저 자기 자신을 바르게 하지 않으면 안 되는 것이다.

맹자

戊 戌	無 退	墨 紙	文 句	勿 驚
무술 : 육십갑자의 서른 다섯째. **예** 무술년(戊戌年)	**무퇴** : ① 전쟁터 따위에서 물러섬이 없음. ② 물러서지 아니함. **예** 임전무퇴(臨戰無退)	**묵지** : 영수증·계산서 따위의 뒷면에 입혀져 있는 먹색.	**문구** : 글의 구절. 글귀. **예** 문장문구(文章文句)	**물경** : 「놀라지 말라」는 뜻으로 엄청난 것을 앞세워 이르는 말. **예** 물경천만(勿驚千萬)

戊	戌	無	退	墨	紙	文	句	勿	驚
천간 무	개 술	없을 무	물러날 퇴	먹 묵	종이 지	글월 문	글귀 구	말 물	놀랄 경

必須 중학생이 알아야 할 故事成語(고사성어)

● 捲土重來(권토중래) 한 번 실패하였다가 세력을 회복하여 다시 쳐들어옴.

● 近墨者黑(근묵자흑) 먹을 가까이 하면 검어진다는 고사로, 악한 이에게 가까이 하면 악에 물들기 쉽다는 말.

中學九百漢字

필수

TAEILL's Work Book

米壽	未完	美容	民族	密語
미수 : 米자를 풀면 八과 十과 八인데, 곧 여든 여 덟살이란 나이를 의미 함.	미완 : 「미완성」의 준말. 아직 완성하지 아니함. 아직 미완성임. 예 미완 성곡(未完成曲)	미용 : 얼굴이나 머리 등 을 화장품 따위로 바르 고 매만짐. 예 미용사(美 容師)	민족 : 같은 지역에서 언 어·풍속 따위의 문화 내용을 함께 하는 겨레. 예 민족국가(民族國家)	밀어 : 남이 알아듣지 못 하게 비밀히 오가는 말. 예 밀어밀어(密語蜜語)

米	壽	未	完	美	容	民	族	密	語
쌀 미	목숨 수	아닐 미	완전할 완	아름다울 미	얼굴 용	백성 민	겨레 족	빽빽할 밀	말씀 어

必須 중학생이 알아야 할 故事成語(고사성어)

● 克己復禮(극기복례) 지나친 욕심을 누르고 예의범절을 좇아 행함을 이르는 말

● 金科玉條(금과옥조) 아주 귀중한 법칙이나 일반에게 귀감이 되는 규범.

필수 中學九百漢字
TAEILL's Work Book

오늘의 명언
♣ 우리는 사람들에게 그 어떤 것도 가르칠 수 없다. 우리가 할 수 있는 일은 다만 그들이 자기 안에서 무엇인가를 찾도록 돕는 것이다.
갈릴레이

半島	反省	防蟲	百萬	白雲
반도 : 대륙에서 바다 쪽으로 길게 뻗어 나와 3면이 바다인 육지. 예 반도국가(半島國家)	반성 : 언행 따위의 시비를 깨닫기 위해 스스로 자신을 돌이켜 살핌. 예 반성문(反省文)	방충 : 사람이나 농작물 따위의 피해를 막기 위해 해충을 막거나 물리침.	백만 : ① 만의 백 곱절. ② 천만의 십분의 일. ③ 썩 많은 수. 예 백만원군(百萬援軍)	백운 : 흰 구름. 빛이 흰 구름. 예 화사백운(華奢白雲)

半	島	反	省	防	蟲	百	萬	白	雲
반 반	섬 도	돌이킬 반	살필 성	막을 방	벌레 충	일백 백	일만 만	흰 백	구름 운

必須 중학생이 알아야 할 故事成語(고사성어)

● 錦上添花(금상첨화) 비단위에 꽃을 더한다는 말로서 곧, 좋고 아름다운 것에 좋은 것을 더함을 비유한 말. (반)雪上加霜(설상가상)
● 今昔之感(금석지감) 오늘과 어제, 또는 요즈음과 옛날을 비교하여 받는 시차적인 느낌을 이르는 말.

中學九百漢字
TAEILL's Work Book

番號	伐採	法律	變化	丙寅
번호 : 사람·건물·기기 따위에 차례를 나타내는 호수. 예 전화번호(電話番號)	벌채 : 나무를 베어 내고 섶을 깎아 냄. 또는 그 일. 예 고목벌채(古木伐採)	법률 : 국가가 제정하고 국민이 준수하는 법의 규율. 예 법률위반(法律違反)	변화 : 사물의 모양·상태 등이 달라짐. 예 시대변화(時代變化)	병인 : 육십갑자의 셋째. 예 병인양요(丙寅洋擾)

番	號	伐	採	法	律	變	化	丙	寅
차례 번	부를 호	칠 벌	캘 채	법 법	법 률	변할 변	될 화	남녘 병	범 인

필수

중학생이 알아야 할 故事成語(고사성어)

- 金石之交(금석지교) 쇠나 돌이 같이 굳게 사귐을 뜻함.
- 金城鐵壁(금성철벽) 방비가 매우 삼엄하고 철벽처럼 매우 견고한 성을 이르는 말.

中學九百漢字
필수 TAEILL's Work Book

오늘의 명언
♣ 아무리 큰 공간일지라도 설사 그것이 하늘과 땅 사이라 할지라도 사랑은 모든 것을 메울 수 있다.
괴테

病患	報答	保留	奉仕	逢遇
병환: ① 병과 근심. ② 병(病)의 높임말. 예 병환위독(病患危篤)	**보답**: 남으로부터 받은 호의나 은혜 따위를 갚음. 예 은혜보답(恩惠報答)	**보류**: 어떤 일의 진행이나 결정을 그만 두거나 뒤로 미룸. 예 발표보류(發表保留)	**봉사**: 자신의 이해를 돌보지 아니하고 몸과 마음을 다해 일함. 예 봉사활동(奉仕活動)	**봉우**: 봉(逢)자와 뜻이 같은 우(遇)자. 상봉(相逢)과 대우(待遇).

병들 병	근심 환	갚을 보	대답할 답	보전할 보	머무를 류	받들 봉	벼슬 사	만날 봉	만날 우

必須 중학생이 알아야 할 故事成語(고사성어)
● 求之不得(구지부득) 얻으려고 해도 얻을 수 없거나 구하려고 해도 구할 수 없음을 이르는 말.
● 錦衣玉食(금의옥식) 고급스럽고 아름다운 옷과 옥과 같이 진귀한 음식 따위로 일상을 호화롭게 삶을 비유한 말.

필수 中學九百漢字
TAEILL's Work Book

오늘의 명언

♣ 자유있는 나라의 법은 국민의 자유로운 의사에서 오고 자유 없는 나라의 법은 국민 중의 한 개인 또는 한 계급에서 나온다.

김구

浮橋	父母	夫婦	否認	扶助
부교 : 배다리. 배를 나란히 잇달아띄워 널판지를 건너질러 놓은 다리.	**부모** : 아버지와 어머니. 어버이. 양친. ㉙ 부모양친(父母兩親)	**부부** : 남편과 아내. 서방과 각시. 내외(內外). ㉙ 부부동반(夫婦同伴)	**부인** : 어떤 사실이나 물음에 대해 시인하지 않음. ㉙ 시인부인(是認否認)	**부조** : ① 남을 도와줌. ② 잔칫집이나 상가 등에 물품·돈등을 보냄. ㉙ 상가부조(喪家扶助)

浮	橋	父	母	夫	婦	否	認	扶	助
뜰 부	다리 교	아비 부	어미 모	지아비 부	지어미 부	아니 부	인정할 인	도울 부	도울 조

必須　중학생이 알아야 할 故事成語(고사성어)

- 錦衣還鄕(금의환향)　타지에서 성공하여 자기 공향으로 돌아감.
- 金枝玉葉(금지옥엽)　① 임금의 집안과 자손. ② 귀엽고 귀한 자손.
- 奇巖怪石(기암괴석)　기이하고 괴상한 바위와 돌을 이르는 말.

中學九百漢字
筆수 TAEILL's Work Book

오늘의 명언
♣ 게으름은 쇠붙이의 녹과 같다. 노동보다도 더 심신을 소모시킨다.
프랭클린

復活	不忘	佛寺	朋友	悲鳴
부활 : ① 죽었다가 다시 되살아남. ② 없었던 것이 다시 생김. 예 패자부활(敗者復活)	**불망** : 은혜·기억·추억 따위를 잊지 않음. 예 부동불망(不動不忘)	**불사** : 절. 스님들이 불상을 모셔 놓고 불도를 닦는 집. 예 불상사찰(佛像寺刹)	**붕우** : 벗. 친구. 친하게 사귀는 벗. 예 붕우유신(朋友有信)	**비명** : 몹시 놀라거나 고통스럽거나 다급할 때의 외마디 소리. 예 비명신음(悲鳴呻吟)

復	活	不	忘	佛	寺	朋	友	悲	鳴
다시 부	살 활	아니 불	잊을 망	부처 불	절 사	벗 붕	벗 우	슬플 비	울 명

必須 중학생이 알아야 할 故事成語(고사성어)

● 騎虎之勢(기호지세) 범을 타고 가다가 도중에서 내리게 되면 도리어 그 범에 물릴 것이니 내리지도 못하는 처지를 이르는 말로 중도에서 그만 둘 수 없는 형세를 비유한 말.

● 綠陰芳草(녹음방초) 푸르른 나무들의 그늘과 꽃다운 풀.

筆手 中學九百漢字
TAEILL's Work Book

오늘의 명언

고통에서 도피하지 말라. 고통의 밑바닥이 얼마나 감미로운가를 맛보라.

헤세

非凡	比熱	貧富	氷雪	四角
비범 : 어떤 사람이 보통 사람과 달리 평범하지 않음. ⑩ 비범인물(非凡人物)	비열 : 어떤 물질 1g의 온도를 섭씨 1도 높이는 데 필요한 열량.	빈부 : ① 가난함과 넉넉함. ② 가난한 자와 부유한 자. ⑩ 빈부격차(貧富隔差)	빙설 : ① 얼음과 눈. ② 청렴과 결백을 비유한 말. ⑩ 북극빙설(北極氷雪)	사각 : ① 네 각. ② 네 개의 모서리의 각. ③ 사각형의 준말. ⑩ 직사각형(直四角形)

非	凡	比	熱	貧	富	氷	雪	四	角
아닐 비	범상할 범	견줄 비	더울 열	가난할 빈	부자 부	얼음 빙	눈 설	넉 사	뿔 각

必須 중학생이 알아야 할 故事成語(고사성어)

- 落落長松 (낙락장송) 가지가 축 늘어진 키 큰 소나무.
- 南大門入納 (남대문입납) 주소가 똑똑히 적히지 않은 편지를 이름도 모르고 집을 찾는 무모함을 희롱하는 말.

必 中學九百漢字
TAEILL's Work Book
필수

絲柳	使用	殺傷	三者	想念
사류 : 수양버들. 가지가 실처럼 가늘게 뻗친 수양버들. 예 사류세류(絲柳細柳)	**사용** : 사람이나 물건 따위를 쓰거나 부림. 예 사용요금(使用料金)	**살상** : 적군이나 동물 따위를 죽이거나 상처를 입힘. 예 살상무기(殺傷武器)	**삼자** : ① 세 사람. ② 당사자가 아닌 제삼의 인물 예 제삼자외(第三者外)	**상념** : 어떤 사람의 마음 속에 떠오르는 온갖 생각들. 예 고독상념(孤獨想念)
絲 柳	使 用	殺 傷	三 者	想 念
실 사 / 버들 류	부릴 사 / 쓸 용	죽일 살 / 상할 상	석 삼 / 놈 자	생각할 상 / 생각 념

相 對	霜 露	賞 與	商 店	喪 妻
상대 : ① 서로 마주 대함. 또는 그 대상. ② 서로 겨룸. 예 상대물색(相對物色)	상로 : 서리와 이슬. 예 추상노천(秋霜露天)	상여 : 관청·회사 등에서 직원들의 노고를 참작하여 급료와 별도로 주는 돈.	상점 : 가게. 작은 규모의 가게. 예 완구상점(玩具商店)	상처 : 아내를 여읨. 아내를 병이나 사고 등으로 잃음. 예 상처남편(喪妻男便)

相	對	霜	露	賞	與	商	店	喪	妻
서로 상	대할 대	서리 상	이슬 로	상줄 상	줄 여	장사 상	가게 점	잃을 상	아내 처

必須 중학생이 알아야 할 故事成語(고사성어)

● 弄假成眞(농가성진) 농담삼아 한 것이 참으로 한 것같이 됨을 이르는 말. (동) 假弄成眞(가농성진).

● 籠鳥戀雲(농조연운) 심신이 속박당하거나 묶여 있는 사람은 자유를 누구보다도 갈망하게 된다는 말.

필수 中學九百漢字
TAEILL's Work Book

오늘의 명언

♣ 나는 사상이나 힘으로 승리한 사람을 영웅이라고 부르지 않는다. 마음으로 위대했던 사람을 영웅이라고 부른다.

R. 롤랑

生産	席卷	選擧	善惡	仙藥
생산 : ① 인간 생활에 필요한 물건을 만듦. ② 아이를 낳음. 예 생산관리(生産管理)	석권 : 자리를 말아 가듯이 닥치는 대로 영토나 세력을 휩씀. 예 천하석권(天下席卷)	선거 : 조직이나 단체에서 그 대표자나 임원 등을 투표로 선출함. 예 선거권(選擧權)	선악 : ① 착함과 선함. ② 착한 일과 선한 일. 예 선악구분(善惡區分)	선약 : ① 먼저 약속함. 또는 그 약속. ② 먼저 맺은 약속. 예 선약철회(先約撤回)

生	産	席	卷	選	擧	善	惡	仙	藥
날 생	낳을 산	자리 석	책 권	가릴 선	들 거	착할 선	악할 악	신선 선	약 약

必須 중학생이 알아야 할 故事成語(고사성어)

- 累卵之勢(누란지세) 쌓여 있는 알처럼 매우 위태로운 형세를 말함.
- 多岐亡羊(다기망양) ① 학문의 길이 여러 갈래로 퍼졌으면 진리를 얻기 어려움. ② 방침(方針)이 너무 많으면 도리어 어찌할 바를 모르게 된다는 말.

中學九百漢字
필수
TAEILL's Work Book

鮮華	舌戰	聖杯	姓氏	性質
선화 : 고울 선(鮮)자와 화려할 화(華)자. 예 신선화려(新鮮華麗)	설전 : 혀의 전쟁이란 뜻으로 말다툼을 비유한 말. 예 언쟁설전(言爭舌戰)	성배 : ① 신성한 술잔. ② 예수가 최후의 만찬 때 쓴 술잔. 예 신성성배(神聖聖杯)	성씨 : 성(姓)의 높임말. 이름 앞에 붙인 성. 예 성씨성명(姓氏姓名)	성질 : ① 날 때부터 가지고 태어난 성품. ② 사물의 본디의 특징. 예 본래성질(本來性質)

鮮	華	舌	戰	聖	杯	姓	氏	性	質
고울 선	빛날 화	혀 설	싸움 전	성인 성	잔 배	성 성	성 씨	성품 성	바탕 질

必須 중학생이 알아야 할 故事成語(고사성어)

● 多多益善(다다익선) 많을수록 더욱 더 좋음.
● 多錢善價(다전선가) 밑천이 많으면 많을 수록 장사를 잘 할수 있게 된다는 말로, 돈이 돈을 번다는 말.

필수 中學九百漢字
TAEILL's Work Book

世界	稅金	歲月	洗淨	細筆
세계 : ① 지구상의 모든 지역·모든 나라. ② 우주 전체. 예 세계각국(世界各國)	세금 : 국가나 지방 자치 단체가 조세로 징수하는 돈. 예 세금완납(稅金完納)	세월 : ① 흘러가는 시간. ② 어느 한 때. ③ 세상. 예 유수세월(流水歲月)	세정 : 세척. 그릇·사물·옷·마음 따위를 깨끗이 씻음. 예 세정세제(洗淨洗劑)	세필 : ① 매우 잘게 글씨를 씀. 또는 잔글씨. 또는 그 붓. 예 세밀세필(細密細筆)

世	界	稅	金	歲	月	洗	淨	細	筆
인간 세	지경 계	세금 세	쇠 금	세월 세	달 월	씻을 세	깨끗할 정	가늘 세	붓 필

必須 중학생이 알아야 할 故事成語(고사성어)

- 單刀直入(단도직입) 너절한 허두를 빼고 요점이나 본 문제를 바로 말함.
- 丹脣皓齒(단순호치) 붉은 입술과 흰 이. 곧 아름다운 여자의 얼굴을 말함.

오늘의 명언

♣ 나이가 60이다 70이다 하는 것으로 그 사람이 늙었다 젊었다 할 수 없다. 늙고 젊은 것은 그 사람의 신념이 늙었느냐 젊었느냐 하는 데 있다.
맥아더 장군

素朴	小品	俗言	送舊	松竹
소박 : 꾸밈이나 거짓이 없이 있는 그대로 임. 예 성품소박(性品素朴)	소품 : ① 조그만 물건. ② 연극 등의 무대에서 쓰이는 자잘한 물건. 예 무대소품(舞臺小品)	속언 : 속담(俗談). 속된 이야기. 민중의 지혜가 응축되어 구전되어온 민간 격언.	송구 : 묵은 해를 보냄. 예 송구영신(送舊迎新)	송죽 : 사철 늘 푸른 「소나무와 대나무」란 뜻으로 절개를 비유함. 예 송죽매란(松竹梅蘭)

素	朴	小	品	俗	言	送	久	松	竹
흴 소	순박할 박	작을 소	품수 품	풍속 속	말씀 언	보낼 송	옛 구	소나무 송	대 죽

必須 중학생이 알아야 할 故事成語(고사성어)

● 大器晚成(대기만성) 크게 될 사람은 늦게 이루어진다는 뜻.
● 對牛彈琴(대우탄금) 소에게 거문고를 들려준다는 고사로, 어리석은 사람에게는 아무리 애써 가르쳐도 알아 듣지 못한다는 말.

中學九百漢字
TAEILL's Work Book
필수

數量	首尾	守備	授受	秀才
수량 : 어떤 사물 따위의 수효와 분량. 예 수량확보(數量確保)	**수미** : ① 머리와 꼬리. ② 처음과 끝. 양끝. 두미(頭尾). 예 수미상응(首尾相應)	**수비** : 국경이나 경기의 공격 따위를 지키어 막음. 예 공격수비(攻擊守備)	**수수** : 금전이나 물품 따위를 주고 받음. 예 금품수수(金品授受)	**수재** : 학문·기예·무술 따위에서 그 재주가 빼어난 사람. 예 천재수재(天才秀才)

數	量	首	尾	守	備	授	受	秀	才
셀 수	헤아릴 량	머리 수	꼬리 미	지킬 수	갖출 비	줄 수	받을 수	빼어날 수	재주 재

필수 中學九百漢字
TAEILL's Work Book

修正	誰何	宿所	孰若	順應
수정 : 이미 이루어진 것의 잘못된 점 등을 바로잡음. 예 원고수정(原稿修正)	수하 : 대개 군사용어로 경계 수칙에서 「누구냐?」라고 묻는 말. 예 수하막론(誰何莫論)	숙소 : 주로, 객지에서 잠시 머물러 묵는 곳. 예 숙소근처(宿所近處)	숙약 : 어느 쪽인가. 양쪽을 비교해서 물어볼 때 쓰이는 말.	순응 : ① 순수히 응함. ② 환경에 맞추어 적응함. 예 자연순응(自然順應)

修	正	誰	何	宿	所	孰	若	順	應
닦을 수	바를 정	누구 수	어찌 하	잘 숙	바 소	누구 숙	만일 약	순할 순	응할 응

中學九百漢字

필수

TAEILL's Work Book

오늘의 명언

♣ 어린이의 교육은 면학의 욕망과 흥미를 환기시키는 것이 가장 중요하다. 그렇지 않으면 책을 등에 진 나귀를 기르는 꼴이 되어버린다.

몽테뉴

純眞	崇尚	乘降	承從	勝敗
순진 : 사람이나 동물 등의 마음이나 표정이 꾸밈이 없고 참됨. **예** 순진무구(純眞無垢)	**숭상** : 사람이나 예·사상 따위를 높이어 소중히 여김. **예** 예의숭상(禮儀崇尚)	**승강** : 기차·비행기·버스 등 탈 것에서 타고 내림. **예** 승강구(乘降口)	**승종** : 명령을 따름. 명령을 좇음.	**승패** : 전쟁·경기 따위에서의 이김과 짐. 자웅. 승부(勝負). **예** 승패원인(勝敗原因)

純	眞	崇	尚	乘	降	承	從	勝	敗
순수할 순	참 진	높을 숭	오히려 상	탈 승	내릴 강	이을 승	좇을 종	이길 승	패할 패

中學九百漢字
TAEILL's Work Book
필수

時 間	施 設	詩 的	始 終	視 察
시간 : 하루의 24분의 1을 한 시간으로 하는 「동안」의 단위. 예 이십사시(二十四時)	시설 : 건물 안이나 도구·장치 등을 베풀어서 차린 설비. 예 공공시설(公共施設)	시적 : 어떤 사물 따위를 시의 정취로 인식하는 것. 예 시적표현(詩的表現)	시종 : ① 처음과 끝. 시말. ② 처음부터 끝까지 한결같이 함. 예 시종일관(始終一貫)	시찰 : 대개 관리 등이 돌아다니면서 실지 사정을 살펴봄. 예 현지시찰(現地視察)

時	間	施	設	詩	的	始	終	視	察
때 시	사이 간	베풀 시	베풀 설	시 시	과녁 적	비로소 시	마칠 종	볼 시	살필 찰

中學九百漢字
필수
TAEILL's Work Book

植樹	辛卯	信仰	身體	神話
식수 : 식목. 나무를 심음. 또는 심은 그 나무. 예 기념식수(紀念植樹)	신묘 : 육십갑자의 스물여덟째. 예 신묘년(辛卯年)	신앙 : 신불 등을 굳게 믿어 그 가르침을 따르는 일. 예 신앙생활(信仰生活)	신체 : 대개 사람의 몸을 이르는 말. 예 신체건강(身體健康)	신화 : 설화의 한 가지로 국가의 기원·신의 사적 등 신성히 전해오는 이야기.

植	樹	辛	卯	信	仰	身	體	神	話
심을 식	나무 수	매울 신	토끼 묘	믿을 신	우러를 앙	몸 신	몸 체	귀신 신	말씀 화

中學九百漢字
필수

TAEILL's Work Book

♣ 오늘의 명언
가장 중요한 것은 나의 내부에서 빛이 꺼지지 않도록 노력하는 일이다. 안에 빛이 있으면 스스로 밖이 빛나는 법이다.

슈바이처

深淺	兒童	我執	顔厚	巖山
심천 : 강이나 바다·호수 따위의 수심의 깊음과 얕음. **예** 수중심천(水中深淺)	**아동** : ① 어린아이. ② 초등 학교에 다니는 어린아이. **예** 아동문학(兒童文學)	**아집** : 자기 중심의 좁은 생각이나 소견 또는 그 고집. **예** 아집고집(我執固執)	**안후** : 얼굴이 두껍다는 뜻으로 염치가 없고 뻔뻔스러움. **예** 후안무치(厚顔無恥)	**암산** : 바위가 많은 산. 많은 바위로 이루어진 산. **예** 암산괴석(巖山怪石)

深	淺	兒	童	我	執	顔	厚	巖	山
깊을 심	얕을 천	아이 아	아이 동	나 아	잡을 집	얼굴 안	두터울 후	바위 암	메 산

必須 중학생이 알아야 할 故事成語(고사성어)

● 同病相憐(동병상련) 같은 병을 앓는 사람끼리 서로 가엾게 여긴다는 뜻으로 처지가 비슷한 사람끼리 서로 도우고 위로함을 이름.

● 同床異夢(동상이몽) 같은 잠자리에서 다른 꿈을 꿈. 곧, 겉으로는 같이 행동하면서 속으로는 딴 생각을 가진다는 뜻.

中學九百漢字 (필수)
TAEILL's Work Book

오늘의 명언

♣ 국가를 통치하는 데 이론가, 다시 말해서 철학자보다 적합하지 않은 사람은 없다고 생각한다.

스피노자

哀惜	愛情	洋弓	揚陸	讓步
애석 : 마음속으로 슬프고 안타까움. 슬프고 아까움. 예 애석심정(哀惜心情)	애정 : ① 이성을 그리워하며 끌리는 마음. ② 사랑하는 정. 예 남녀애정(男女愛情)	양궁 : 서양식의 활, 또는 그 활로 겨루는 경기. 예 양궁선수(洋弓選手)	양륙 : 배에 실은 짐 따위를 육지에 부림. 예 수륙양륙(水陸揚陸)	양보 : 자기 생각이나 주장을 굽히고 남의 의견을 좇음. 예 물건양보(物件讓步)

哀	惜	愛	情	洋	弓	揚	陸	讓	步
슬플 애	아낄 석	사랑 애	뜻 정	큰바다 양	활 궁	나타날 양	뭍 륙	사양할 양	걸음 보

必須 중학생이 알아야 할 故事成語(고사성어)

- 童子何知(동자하지) 「어린 아이처럼 유치한 놈이 무엇을 안다고 그러느냐?」라고 꾸짖는 말.
- 東征西伐(동정서벌) 전쟁을 하여 여러 나라를 이리저리로 정벌(征伐)함.

中學九百漢字
TAEILL's Work Book
필수

養育	兩則	良好	漁船	魚貝
양육 : 어린이나 자식을 돌보아 길러 자라게 함. 예 자녀양육(子女養育)	양칙 : ① 양측의 법칙. ② 양측의 규칙. 예 양측규칙(兩側規則)	양호 : 환경·품질·등급·점수 따위가 매우 좋음. 예 품질양호(品質良好)	어선 : 고기잡이를 목적으로 한 배. 고깃배. 어로선. 예 어선수리(漁船修理)	어패 : 「어패류(魚貝類)」의 준말. 생선과 조개 종류의 총칭. 예 어패종류(魚貝種類)

養	育	兩	則	良	好	漁	船	魚	貝
기를 양	기를 육	둘 량	법칙 칙	어질 량	좋을 호	고기잡을 어	배 선	물고기 어	조개 패

필수 中學九百漢字
TAEILL's Work Book

本중학 900한자 59

오늘의 명언

♣ 교육의 정상적인 지름길은 모범이 되는 것이다. 만일 선생이 학생의 모범이 아니라면 그것은 크나큰 문제가 아닐 수가 없다.
아인슈타인

於乎	億兆	業種	旅愁	如實
어호 : 주로 한시(漢詩)에서 많이 쓰이는 감탄하는 소리.	억조 : ① 억과 조. ② 한없이 많은 수효를 이르는 말. 예 억조창생(億兆蒼生)	업종 : 영업이나 사업·장사 따위의 종류나 가지. 예 다양업종(多樣業種)	여수 : 나그네의 시름. 여행지에서 느끼는 시름. 예 여객수심(旅客愁心)	여실 : ① 사실과 똑같음. ② 현실 그대로임. 예 증거여실(證據如實)

於	乎	億	兆	業	種	旅	愁	如	實
어조사 어	어조사 호	억 억	억조 조	일 업	씨 종	나그네 려	근심 수	같을 여	열매 실

必須 중학생이 알아야 할 故事成語(고사성어)

● 燈下不明(등하불명) 등잔 밑이 어둡다는 뜻으로, 가까이 있는 것을 도리어 알아내기 어렵다는 것을 이르는 말.

● 燈火可親(등화가친) 가을밤은 서늘하여 등불을 가까이 두고 글을 읽기에 좋다는 말로 독서를 권장하는 말.

中學九百漢字
TAEILL's Work Book

필수

余汝	餘香	歷史	亦然	逆耳
여여 : 나 여(余)자와 너 여(汝)자. 우리들과 너희들.	여향 : 뒤에 남은 향기. 뒤에 남은 향기로운 운치. 예여운여향(餘韻餘香)	역사 : 인간·왕조 등 그 사회가 거쳐온 변천의 모습과 기록. 예 역사기록(歷史記錄)	역연 : 또한 그러함. 또한 꼭 그러함. 예 사실역연(事實亦然)	역이 : 남의 말이나 충고 따위가 귀에 거슬림. 예 충언역이(忠言逆耳)

余	汝	餘	香	歷	史	亦	然	逆	耳
나 여	너 여	남을 여	향기 향	지낼 력	사기 사	또 역	그러할 연	거스릴 역	귀 이

必修 中學九百漢字
TAEILL's Work Book

오늘의 명언

♣ 성격이 모두 나와 같아지기를 바라지 말라. 매끈한 돌이나 거친 돌이나 다 제각기 쓸모가 있는 법이다. 남의 성격이 내 성격과 같아지기를 바라는 것은 어리석은 생각이다.
　　　　　　안창호

研 究	年 末	練 習	連 呼	烈 士
연구 : 사물을 깊이 생각하거나 자세히 조사해 참이치를 밝혀 냄. 예 연구발표(研究發表)	연말 : 한 해의 마지막 때. 세모. 세밑. 예 연말행사(年末行事)	연습 : 학문이나 기예 따위를 되풀이하며 습득하여 익힘. 예 연습문제(練習問題)	연호 : 운집한 청중이나 무리 따위가 어떤 구호를 계속해서 부름. 예 연호복창(連呼復唱)	열사 : 나라를 위하여 절의를 굳게 지키며 죽은 사람. 예 순국열사(殉國烈士)

研	究	年	末	練	習	連	呼	烈	士
갈 연	궁구할 구	해 년	끝 말	익힐 련	익힐 습	이을 련	부를 호	매울 렬	선비 사

中學九百漢字
필수
TAEILL's Work Book

列車	炎暑	領收	英雄	永遠
열차 : 여러 대의 객차나 화차를 연결하여 편성한 한 줄의 차량. 예 열차기차(列車汽車)	염서 : 심한 더위. 더위가 매우 심한 여름. 예 염서계절(炎暑季節)	영수 : 돈이나 물건 따위를 대금이나 값으로 받음. 예 청구영수(請求領收)	영웅 : 재능과 지혜, 담력과 무용 따위가 특별히 뛰어난 인물. 예 영웅심리(英雄心理)	영원 : ① 언제까지고 계속하여 끝이 없음. ② 시간을 초월하여 존재하는 일이나 사실.

列	車	炎	暑	領	收	英	雄	永	遠
벌일 렬	수레 차	불꽃 염	더울 서	거느릴 령	거둘 수	꽃부리 영	수컷 웅	길 영	멀 원

必須 중학생이 알아야 할 故事成語(고사성어)
- 罔極之恩(망극지은) 다 할 수 없는 임금이나 부모의 큰 은혜
- 望洋之歎(망양지탄) 바다를 바라보고 하는 탄식. 곧 힘이 미치지 못하여 하는 탄식.

필수 中學九百漢字
TAEILL's Work Book

例 問	五 穀	烏 飛	悟 悦	誤 字
예문: 어떤 문제 따위의 앞에 예로 보인 문제. 예 예문제시(例問提示)	오곡: 다섯 가지의 주요 곡식. 곧, 쌀·보리·조·콩·기장을 말함. 예 오곡백과(五穀百果)	오비: 까마귀가 날음. 까마귀가 날아오르는 것. 예 오비이락(烏飛梨落)	오열: 어떤 의문이나 잘못 따위를 깨닫거나 깨우쳐 기뻐함. 예 회오희열(悔悟喜悦)	오자: ① 잘못 쓴 글자. ② 인쇄물에 박힌 틀린 글자. 예 오자탈자(誤字脫字)

例	問	五	穀	烏	飛	悟	悦	誤	字
법식 례	물을 문	다섯 오	곡식 곡	까마귀 오	날 비	깨달을 오	기쁠 열	그릇될 오	글자 자

必수 中學九百漢字
TAEILL's Work Book

오늘의 명언

♣ 나의 인생 철학은 일하는 데에 있다. 우주의 신비를 찾아내고, 그것을 인류의 행복을 위해 응용케 하고자 하는 것이다.

에디슨

玉 石	溫 暖	浴 室	勇 敢	于 先
옥석 : ① 옥돌. ② 옥과 돌. ③ 진짜와 가짜. ④ 좋고 나쁨. 예 옥석구분 (玉石區分)	온난 : 날씨나 온도 따위가 따뜻함. 예 온난한랭 (溫暖寒冷)	욕실 : 목욕을 할 수 있도록 시설을 갖춘 방. 예 욕실목욕(浴室沐浴)	용감 : 씩씩하고 겁이 없으며 기운참. 예 용감용맹(勇敢勇猛)	우선 : 무엇을 하기에 앞서 먼저. 예 우선식사 (于先食事)

玉	石	溫	暖	浴	室	勇	敢	于	先
구슬 옥	돌 석	따뜻할 온	따뜻할 난	목욕할 욕	집 실	날랠 용	구태여 감	어조사 우	먼저 선
丁二、	丆石一	沪음皿	旷듯久	氵汐口	宀空土	圣万기	휙티攵	二丁	屮儿

玉	石	溫	暖	浴	室	勇	敢	于	先

必須 중학생이 알아야 할 故事成語(고사성어)

● **百折不屈(백절불굴)** 백번 꺾어도 굽히지 않음. 곧 만난(萬難)을 극복하여 이겨 나감.

● **百尺竿頭(백척간두)** 높은 장대 끝에 섰다는 말로, 대단히 위태로운 지경에 빠짐을 비유함.

中學九百漢字
TAEILL's Work Book
필수

오늘의 명언
♣ 거짓말쟁이의 목표는 단순히 사람의 주목을 끌고 기쁘게 하고 즐거움을 주는 것이다.
오스카 와일드

宇宙	牛黃	運動	元老	圓舞
우주 : 온 세계, 또 전체를 포함한 만물이 있는 공간. 예 우주공간(宇宙空間)	우황 : 소의 쓸개에 병적으로 생겨나 뭉친 것. 예 우황청심(牛黃淸心)	운동 : 몸을 단련하거나 건강을 위하여 몸을 움직이는 것. 예 준비운동(準備運動)	원로 : 관직 따위에서 관록이 높고 나라에 공로가 많은 사람. 예 원로상원(元老上院)	원무 : 왈츠·폴카·승무 따위와 같이 남녀 등이 둥근 꼴을 이루며 추는 춤.

宇	宙	牛	黃	運	動	元	老	圓	舞
집 우	집 주	소 우	누를 황	운전할 운	움직일 동	으뜸 원	늙을 로	둥글 원	춤출 무

必須 중학생이 알아야 할 故事成語(고사성어)
- 不共戴天(불공대천) 하늘을 같이 보지 못한다는 뜻으로, 이 세상에서 같이 살 수 없을 만한 큰 원한(怨恨)을 비유하여 일컫는 말. (동) 不俱戴天(불구대천).
- 不問可知(불문가지) 묻지 않아도 능히 알 수 있음.

필수 中學九百漢字
TAEILL's Work Book

原因	怨恨	偉大	威武	爲政
원인 : 사물 따위의 상태나 결과를 낳은 말미암은 까닭. 예 원인결과(原因結果)	원한 : 어떤 일에 사무치도록 원통하고 한스러운 생각. 예 원한세월(怨恨歲月)	위대 : 사람을 포용하는 도량과 일처리 능력·업적 따위가 크게 뛰어나고 훌륭함.	위무 : 군인·무인 따위가 위엄이 있고 씩씩함. 예 위무당당(威武堂堂)	위정 : 국민을 위해 한 나라의 정부 등에서 정치를 함. 예 위정자(爲政者)

原	因	怨	恨	偉	大	威	武	爲	政
근원 원	인할 인	원망할 원	원한 한	위대할 위	큰 대	위엄 위	호반 무	할 위	정사 정

原	因	怨	恨	偉	大	威	武	爲	政

必須 중학생이 알아야 할 故事成語(고사성어)

- 四分五裂(사분오열) 여러 쪽으로 찢어짐. 어지럽게 분열됨.
- 沙上樓閣(사상누각) 모래위에 세운 다락집. 곧 기초가 자빠질 염려가 있거나 오래 유지하여 못할 집, 또는 실현 불가능한 일을 비유하는 말.

필수 中學九百漢字
TAEILL's Work Book

오늘의 명언
♣ 착한 일을 행하려고 힘쓰고 애쓰는 것이 중요합니다. 그러나 좋지 못한 일을 하지 않도록 힘쓰고 애쓰는 것이 더욱 중요합니다.
톨스토이

危害	遊樂	有無	流星	唯一
위해 : 위험한 재해. 사람이나 동물 등을 위협하는 해나 위험. 예 위해가해(危害加害)	**유락** : 시설 따위를 설치하고 장소를 마련하여 놀며 즐김. 예 유락시설(遊樂施設)	**유무** : ① 어떤 사물 따위의 있음과 없음. ② 유능함과 무능력함. 예 시간유무(時間有無)	**유성** : 우주진이 지구의 대기권에 들어와 마찰로 인해 내는 빛. 예 유성성우(流星星雨)	**유일** : 어떤 사물이나 방법 따위가 오직 그 하나밖에 없음. 예 유일방법(唯一方法)

危	害	遊	樂	有	無	流	星	唯	一
위태할 위	해칠 해	놀 유	즐길 락	있을 유	없을 무	흐를 류	별 성	오직 유	한 일

必須 중학생이 알아야 할 故事成語(고사성어)

● **四通五達(사통오달)** 길이나 교통망·통신망 등이 사방으로 막힘없이 통함.
● **事必歸正(사필귀정)** 무슨 일이든 결국은 올바른 이치대로 됨. 반드시 정리(正里)로 돌아감을 이르는 말.

中學九百漢字
TAEILL's Work Book
필수

幼蟲	柔和	遺訓	六味	倫理
유충 : 갓나온 새끼벌레. 애벌레. 예 유충성충(幼蟲成蟲)	유화 : 성품이나 성질 따위가 부드럽고 온화함. 예 유화온순(柔和溫順)	유훈 : 세상을 떠난 사람이 생전에 남긴 훈계나 교훈. 예 조부유훈(祖父遺訓)	육미 : 여섯 가지의 맛, 곧 쓴맛·신맛·단맛·매운맛·짠맛·싱거운 맛을 말함.	윤리 : 사람이 모름지기 지켜야 할 도리와 규범, 곧 인륜도덕 예 윤리도덕(倫理道德)

幼	蟲	柔	和	遺	訓	六	味	倫	理
어릴 유	벌레 충	부드러울유	화목할 화	끼칠 유	가르칠 훈	여섯 륙	맛 미	인륜 륜	이치 리

必修 中學九百漢字
TAEILL's Work Book

오늘의 명언
♣ 아무리 좋은 명마(名馬)라 해도 한 번 뛰어서 열 보를 나아갈 수가 없다. 아무리 노둔한 걸음이 느린 말이라 해도 멀리 갈 수 있는 것은 쉬지 않고 걷기 때문이다. 　순자

銀行	恩惠	音聲	飲食	陰陽
은행 : 예금 등을 받아 맡고 대부·대출을 해주는 금융기관. 예 은행적금(銀行積金)	**은혜** : 자연이나 타인·부모로부터 받은 고마운 혜택. 예 은덕혜택(恩德惠澤)	**음성** : 사람의 발음 기관에서 나오는 소리나 말소리. 예 침착음성(沈着音聲)	**음식** : 사람이 식량·식수로서 먹고 마시는 것. 예 음식재료(飲食材料)	**음양** : ① 음과 양. ② 만물의 근원으로서 상반되는 두 성질. 예 천지음양(天地陰陽)

銀	行	恩	惠	音	聲	飲	食	陰	陽
은 은	다닐 행	은혜 은	은혜 혜	소리 음	소리 성	마실 음	먹을 식	그늘 음	볕 양

必須 중학생이 알아야 할 故事成語(고사성어)

- **脣亡齒寒(순망치한)** 입술이 없어지면 이가 시리다는 뜻으로, 곧 서로 밀접한 사람 중에서 한 사람이 망하면 다른 한 사람에게는 영향이 있음을 이르는 말.
- **始終如一(시종여일)** 처음이나 나중이 한결같아서 변함이 없음.

필수 中學九百漢字
TAEILL's Work Book

오늘의 명언

♣ 괴로움이야말로 인생이다. 인생이 괴로움이 없다면 무엇으로써 또한 만족을 얻을 것인가?

도스토예프스키

邑村	議論	義務	衣服	醫師
읍촌 : 지방 행정 구역으로 군의 읍과 마을. **예** 군면읍촌(郡面邑村)	**의론** : 의논의 본디말로 어떤 문제에 대하여 서로 논의함. **예** 문제의론(問題議論)	**의무** : ① 마땅히 해야 할 직분. ② 법률이 강제로 하거나 못하게 하는 일. **반** 권리(權利)	**의복** : 옷. 몸을 가리거나 꾸미기 위해 입는 옷의 총칭. **예** 의복내의(衣服內衣)	**의사** : 의술과 약으로 병을 고치는 것을 업으로 하는 사람. **예** 의사선생(醫師先生)

邑	村	議	論	義	務	衣	服	醫	師
고을 읍	마을 촌	의논할 의	의논할 론	옳을 의	힘쓸 무	옷 의	옷 복	의원 의	스승 사

必須 중학생이 알아야 할 故事成語(고사성어)

● 神出鬼沒(신출귀몰) 귀신이 출몰하듯 자유 자재하여 그 변화를 헤아리지 못함을 뜻함.

● 深思熟考(심사숙고) 깊이 생각하고 익히 생각함. 곧 신중을 기하여 곰곰이 생각함.

필수 中學九百漢字
TAEILL's Work Book

오늘의 명언
♣ 조직의 개인에 대한 지배는 조직이 사회에서의 기능을 수행하고 사회에 공헌하기 위해 필요한 최소한에 머물러야 한다.
피터 드러커

矣哉	依存	以來	而已	利益
의재 : 영탄(감동·감격)을 나타내는 조사.	의존 : 남에게 의지하여 있음. 남에게 의탁하여 머물러 있음. 예 부모의존(父母依存)	이래 : 지나간 일정한 때로부터 지금까지. 어떤 일 이후. 예 유사이래(有史以來)	이이 : 「…뿐임」 또는 「…일 따름임」이란 뜻으로 더 이상의 것이 없다는 뜻의 조사.	이익 : ① 이롭고 도움이 되는 일. ② 물질적으로 보탬이 됨. 예 이익손해(利益損害)

矣	哉	依	存	以	來	而	已	利	益
어조사 의	어조사 재	의지할 의	있을 존	써 이	올 래	말이을 이	이미 이	이로울 리	더할 익

必須 중학생이 알아야 할 故事成語(고사성어)

● 言語道斷(언어도단) 말문에 막혔다는 뜻으로 너무 어이 없어서 말하려다 말할 수 없음을 이름.
● 言中有骨(언중유골) 예사로운 말 속에 단단한 뼈 같은 속 뜻이 있다는 말.

필수 中學九百漢字
TAEILL's Work Book

오늘의 명언

♣ 사람들이 질문을 하면 비록 하찮은 말이라도 반드시 잘 생각하였다가 답하고, 아무 생각 없이 곧장 대답해서는 안 된다.

퇴계 이황

二千	忍苦	仁慈	印章	引責
이천 : 천의 두 갑절. 백의 스무갑절. 예 인구이천(人口二千)	**인고** : 어떤 사람의 처지가 고통스럽더래도 그 괴로움을 참음. 예 인고세월(忍苦歲月)	**인자** : 마음이 어질고 무던하여 자애스러움. 예 인자후덕(仁慈厚德)	**인장** : 대개 사람의 서명 뒤에 찍는 나무·상아·돌 따위로 새긴 도장.	**인책** : 어떤 일이나 과오에 대해 스스로 책임을 짐. 예 인책사퇴(引責辭退)

二	千	忍	苦	仁	慈	印	章	引	責
두 이	일천 천	참을 인	괴로울 고	어질 인	사랑 자	도장 인	글 장	끌 인	꾸짖을 책

必須 중학생이 알아야 할 故事成語(고사성어)

● 榮枯盛衰(영고성쇠) 번영하여 성함과 시들하게 쇠잔함. (동)흥망성쇠(興亡盛衰).

● 五里霧中(오리무중) 멀리 낀 안개 속에서 길을 찾기 어려움과 같이, 무슨 일에 대하여 알 길이 없음을 일컫는 말.

筆수 中學九百漢字
TAEILL's Work Book

日 氣	壬 申	林 野	入 出	姉 妹
일기 : 바람·눈·비·기온 따위를 종합한 기상 상태. 날씨. 예 일기일기(日氣日記)	임신 : 육십갑자의 아홉째. 예 임신년(壬申年)	임야 : ① 숲이 있거나 아직 개간되지 않은 땅. ② 산지. 예 임야백평(林野百坪)	입출 : ① 들어오는 것과 나가는 것. ② 수입과 지출. 수지. 예 입출금액(入出金額)	자매 : ① 여자끼리의 동기. ② 같은 계통, 서로 비슷한 둘 이상. 예 자매결연(姉妹結緣)

日	氣	壬	申	林	野	入	出	姉	妹
날 일	기운 기	천간 임	납 신	수풀 림	들 야	들 입	날 출	맏누이 자	누이 매

必須 중학생이 알아야 할 故事成語(고사성어)

● 燎原之火(요원지화) 무서운 기세로 타는 벌판의 불길이라는 뜻으로, 미처 막을 사이 없이 퍼지는 세력을 형용하는 말.

● 欲速不達(욕속부달) 일을 너무 속히 하려고 하면 할수록 그 뜻을 도리어 이루지 못함을 이르는 말.

필수 中學九百漢字
TAEILL's Work Book

子孫	自宅	昨今	長短	壯丁
자손 : ① 아들과 손자. ② 아들·손자·증손·현손·후손 등을 아울러 이르는 말.	자택 : 자기의 집. 자기가 살고 있는 집. 예 자택연락(自宅連絡)	작금 : ① 어제와 오늘. 어제와 이제. ② 요즈음. 요사이. 예 작금현실(昨今現實)	장단 : ① 길고 짧음. ② 장점과 단점. ③ 박자나 리듬. 예 일장일단(一長一短)	장정 : ① 성년에 이른 혈기 왕성한 남자. ② 징병 적령의 남자. 예 장정장병(壯丁將兵)
子孫	自宅	昨今	長短	壯丁
아들 자 / 손자 손	스스로 자 / 집 택	어제 작 / 이제 금	길 장 / 짧을 단	씩씩할 장 / 고무래 정

必수 中學九百漢字
TAEILL's Work Book

將卒	材料	再次	財貨	著作
장졸 : 장수와 병졸. 장군과 병사. 장병. **예** 장졸장병(將卒將兵)	재료 : ① 물건을 만드는 감. ② 어떤 일을 하거나 이루려는 자료. **예** 공작재료(工作材料)	재차 : ① 두 번째. 거듭. ② 어떤 일에 거듭하여 시도하는 것. **예** 재차도전(再次挑戰)	재화 : 재물. 돈이나 보화 따위의 값나가는 물건 등의 총칭. **예** 재화축적(財貨蓄積)	저작 : 저술. 책을 쓰기 위해서 원고를 기획하고 씀. 또는 그 책. **예** 저작저술(著作著述)

將	卒	材	料	再	次	財	貨	著	作
장수 장	군사 졸	재목 재	헤아릴 료	두 재	차례 차	재물 재	재물 화	나타날 저	지을 작

中學九百漢字
필수 TAEILL's Work Book

適當	敵兵	全部	傳說	田園
적당: ① 정도나 이치에 꼭 알맞고 마땅함. ② 눈가림의 임시변통. 예 적당인물(適當人物)	**적병**: 적의 병사. 적국·적군의 병사. 예 적국병사(敵國兵士)	**전부**: 모두 다. 모조리. 온통. 이것 저것 모두. 예 전량전부(全量全部)	**전설**: 설화의 한 가지로 영웅적 기행담이나 자연물의 유래, 신화적으로 전해오는 이야기.	**전원**: ① 논밭과 동산. ② 시골. 도시외곽·변두리 밖의 교외. 예 전원생활(田園生活)

맞을 적	마땅할 당	원수 적	군사 병	온전할 전	거느릴 부	전할 전	말씀 설	밭 전	동산 원

필수 中學九百漢字
TAEILL's Work Book

電鐵	前後	絶妙	精誠	貞淑
전철 : 「전기철도」의 준말로, 전기의 동력을 이용하는 철도. **예** 전철노선(電鐵路線)	**전후** : ① 앞쪽과 뒤쪽. ② 먼저와 나중. ③ 수량 따위의 안팎. 쯤. **예** 전후사정(前後事情)	**절묘** : 썩 교묘함. 생각이 미치지 않을 만큼 기묘함. **예** 절묘기술(絶妙技術)	**정성** : 온갖 성의를 다하려고 참되고 거짓이 없는 마음. **예** 지극정성(至極精誠)	**정숙** : 대개 여자로서의 그 행실이 얌전하고 마음씨가 고움. **예** 정숙숙녀(貞淑淑女)

電	鐵	前	後	絶	妙	精	誠	貞	淑
번개 전	쇠 철	앞 전	뒤 후	끊을 절	묘할 묘	정할 정	정성 성	곧을 정	맑을 숙

필수 中學九百漢字
TAEILL's Work Book

오늘의 명언
♣ 우리들이 진실을 깨닫게 되는 것은 이성뿐만 아니라 감정을 통해서도 이루어진다.
파스칼

停會	祭典	製造	諸賢	早晩
정회 : ① 회의를 한때 정지함. ② 국회의 개회 중 한때 그 활동을 멈춤. 예 정회선포(停會宣布)	재전 : ① 제사 의식. ② 예술·체육 따위의 성대하게 열리는 행사. 예 축하제전(祝賀祭典)	제조 : ① 만듦. 지음. ② 원료·재료 따위를 가공하여 제품을 만듦. 예 제조원가(製造原價)	제현 : 여러 어진 사람들, 곧 점잖은 여러분. 제언(諸言). 예 독자제현(讀者諸賢)	조만 : 시기·시간적으로의 그 이름과 늦음. 예 조기만기(早期滿期)

停	會	祭	典	製	造	諸	賢	早	晩
머무를 정	모을 회	제사 제	법 전	지을 제	지을 조	모두 제	어질 현	이를 조	늦을 만

● 晝耕夜讀(주경야독) 낮에는 농사일을 하고 밤에는 글을 읽음. 곧 바쁜 틈을 타서 어렵게 공부함.

● 走馬加鞭(주마가편) 달리는 말에 채찍질한다는 말로, 부지런하고 성실한 사람을 더 재촉함을 이르는 말.

필수 中學九百漢字
TAEILL's Work Book

朝夕	尊嚴	宗教	左右	罪刑
조석 : ① 아침과 저녁. ②「조석반(朝夕飯)」의 준말. 예 조석주야(朝夕晝夜)	존엄 : ① 높고 엄숙함. ② 지위·인품 따위가 높아서 범할수 없음. 예 존엄성(尊嚴性)	종교 : 신이나 절대자를 숭배하는 정신 문화의 한 체계. 예 신앙종교(信仰宗敎)	좌우 : ① 왼쪽과 오른쪽. ② 곁, 또는 옆. ③ 거느리고 있는 사람. 예 전후좌우(前後左右)	죄형 : 범죄와 형벌. 죄에 대한 형벌. 예 죄형법정(罪刑法定)

朝	夕	尊	嚴	宗	教	左	右	罪	刑
아침 조	저녁 석	높을 존	엄할 엄	마루 종	가르칠 교	왼 좌	오른쪽 우	허물 죄	형벌 형

中學九百漢字
TAEILL's Work Book

主客	朱丹	晝夜	注意	衆臣
주객 : ① 주인과 손. ② 주된 것과 그에 딸린 사물. ③ 주관과 객관. 예) 주객전도(主客顚倒)	주단 : 곱고 붉은 색. 또는 그 칠.	주야 : 밤낮. 낮과 밤. 밤이나 낮이나. 언제나. 늘. 예) 주야장천(晝夜長天)	주의 : ① 마음에 새겨 조심함. ② 경고나 충고의 뜻으로 일깨워 줌. 예) 언행주의(言行注意)	중신 : 뭇신하. 여러 신하들. 예) 중신중신(重臣衆臣)

主	客	朱	丹	晝	夜	注	意	衆	臣
주인 주	손 객	붉을 주	붉을 단	낮 주	밤 야	물댈 주	뜻 의	무리 중	신하 신

必須 중학생이 알아야 할 故事成語(고사성어)
● 知彼知己(지피지기) 적의 내정(內政)과 나의 내정을 소상히 앎.
● 進退維谷(진퇴유곡) 진퇴할 길이 끊어져 어찌할 수 없음. 궁지에 빠짐. (동) 進退兩難(진퇴양난)

中學九百漢字
필수
TAEILL's Work Book

오늘의 명언

♣ 추억은 창의성이 없다. 우리가 이미 가지고 있는 것 이외의 것은 바랄 수도 없고, 그보다 나은 일도 전혀 기대할 수 없다.
마르셀 프루스트

卽效	曾祖	地球	持續	指示
즉효 : 병이나 상처 따위로 약을 먹거나 바른 뒤 즉시 나타나는 효험. **예** 즉시효과(卽時效果)	**증조** : 「증조부(曾祖父)」의 준말. **반** 증조모(曾祖母)	**지구** : 태양계의 행성의 하나로 인류가 살고 있는 천체. **예** 지구자원(地球資源)	**지속** : ① 이어서 오래 지켜 나감. ② 끊임없이 이어짐. **예** 지속관심(持續關心)	**지시** : ① 가리켜 보임. ② 무엇을 하라고 일러서 시킴. **예** 지시사항(指示事項)

卽	效	曾	祖	地	球	持	續	指	示
곧 즉	본받을 효	일찍 증	할아비 조	땅 지	구슬 구	가질 지	이을 속	손가락 지	보일 시

필수 **중학생이 알아야 할 故事成語(고사성어)**

- 天高馬肥(천고마비) 가을 하늘은 맑게 개어 높고 말은 살찐다는 뜻으로, 가을이 좋은 시절임을 이르는 말.
- 千慮一得(천려일득) 바보 같은 사람이라도 많은 생각 속에는 한 가지 쓸만한 것이 있다는 말. (반) 千慮一失(천려일실).

中學九百漢字
TAEILL's Work Book
필수

知識	志願	進展	集散	參考
지식 : 사물에 관한 명료한 의식과 그것에 대한 판단. 예 지식산업(知識産業)	지원 : ① 뜻하여 바람. ② 바라서 원함. 예 지원지망(志願志望)	진전 : 어떤 일 따위가 진행되어 나아감. ② 차츰 나아짐. 예 학습진전(學習進展)	집산 : ① 모여듦과 흩어짐. ② 합함과 풀어 헤침. 예 이합집산(離合集散)	참고 : ① 살펴서 생각함.② 살펴서 도움이 될 만한 자료로 삼음. 예 참고서적(參考書籍)

知	識	志	願	進	展	集	散	參	考
알 지	알 식	뜻 지	원할 원	나아갈 진	펼 전	모을 집	흩을 산	참여할 참	상고할 고

필수 中學九百漢字
TAEILL's Work Book

오늘의 명언

♣ 논쟁할 경우엔 상하도 신분도 연령도 성명도 없다. 진리 이외에는 아무 것도 없고 진리 앞에서는 만인이 평등하다.

로맹 롤랑

窓 戶	菜 根	尺 土	天 上	清 潔
창호 : 창과 문을 아울러서 이르는 말. **예** 창호지(窓戶紙)	**채근** : ① 채소의 뿌리. 당근 · 무 따위. ② 변변치 못한 음식.	**척토** : 퍽 좁은 논밭. 촌토(寸土)	**천상** : 하늘의 위. 높은 하늘. **예** 천상천사(天上天使)	**청결** : 지저분한 것들을 없애어 맑고 깨끗함. **예** 청결불결(清潔不潔)

窓	戶	菜	根	尺	土	天	上	清	潔
창 창	집 호	나물 채	뿌리 근	자 척	흙 토	하늘 천	윗 상	맑을 청	깨끗할 결

必須   중학생이 알아야 할 故事成語(고사성어)

● 天衣無縫(천의무봉)   ① 천녀(天女)의 옷은 솔기 따위에 인공(人工)의 흔적이 없다는 뜻으로, 시가(詩歌) 따위의 기교(技巧)에 흠이 없이 완미(完美)함을 이름. ② 완전 무결하여 흠이 없음을 뜻함.

● 天眞爛漫(천진난만)   꾸밈이나 거짓이 없는 천성 그대로의 순진함.

中學九百漢字
필수 TAEILL's Work Book

青綠	聽聞	初期	招請	最古
청록 : 녹색과 파랑색을 혼합한 그 중간색.「청록색」의 준말. 예 청록수림 (青綠樹林)	청문 : ① 퍼져 돌아다니는 소문. ② 설교·연설 따위를 들음. 예 청문회장(聽聞會長)	초기 : 맨 처음으로 어떤 일이 비롯된 시기. 또는 그 동안. 예 초기작품(初期作品)	초청 : 남을 손님으로 청하여 부름. 예 선생초청 (先生招請)	최고 : 사물이나 유적·문헌 따위가 가장 오래 됨. 예 최고최신(最古最新)

青	綠	聽	聞	初	期	招	請	最	古
푸를 청	초록 록	들을 청	들을 문	처음 초	기약 기	부를 초	청할 청	가장 최	옛 고

필수 中學九百漢字
TAEILL's Work Book

秋冬	追放	推移	祝賀	春夏
추동 : 가을과 겨울. 추계와 동계. 예 추동교복(秋冬校服)	**추방** : 해가 되거나 부적격자를 그 사회에서 몰아냄. 예 국외추방(國外追放)	**추이** : 시간이 흐름에 따라 사물 따위의 상태가 변해가는 일. 예 사태추이(事態推移)	**축하** : 기쁘고 즐겁다는 뜻으로 그 경사를 격려하고 인사함. 예 축하인사(祝賀人事)	**춘하** : 봄여름. 봄과 여름. 춘계와 하계. 예 춘하추동(春夏秋冬)

秋	冬	追	放	推	放	祝	賀	春	夏
가을 추	겨울 동	쫓을 추	놓을 방	밀 추	옮길 이	빌 축	하례 하	봄 춘	여름 하

필수 中學九百漢字
TAEILL's Work Book

充分	忠孝	取消	吹打	親王
충분 : 분량·요구 조건 따위가 모자람이 없이 차거나 넉넉함. 예 충분검토(充分檢討)	**충효** : 충성과 효도. 나라에 충성하고 부모님께 효도하는 일. 예 충효사상(忠孝思想)	**취소** : 기록한 것이나 말한 것 따위를 지우거나 물러서 없앰. 예 약속취소(約束取消)	**취타** : 지난날 군대에서 나발 따위를 불고 북 따위를 치던 일. 예 군취타수(軍吹打手)	**친왕** : 옛날 왕조 시대 황제의 아들이나 형제.

充	分	忠	孝	取	消	吹	打	親	王
채울 충	나눌 분	충성 충	효도 효	취할 취	끌 소	불 취	칠 타	친할 친	임금 왕

必須 중학생이 알아야 할 故事成語(고사성어)

● 草綠同色(초록동색) 풀의 푸른 빛은 서로 같음. 곧 같은 처지나 같은 유의 사람들은 서로 같은 처지나 같은 유의 사람들끼리 어울림을 이름.

● 初志一貫(초지일관) 처음 품은 뜻을 한결같이 꿰뚫음.

中學九百漢字
TAEILL's Work Book
필수

七寸	快晴	脫線	探訪	統治
칠촌 : ① 일곱 치. ② 아버지의 재종 형제, 또는 재종 형제의 아들, 종숙과의 촌수.	**쾌청** : ① 하늘이 활짝 개어 맑음. ② 병·마음·표정 따위가 쾌유되거나 밝게 나아짐.	**탈선** : ① 기차 따위의 바퀴가 궤도를 벗어남. ② 악행으로 빗나감. 예 전복탈선(顚覆脫線)	**탐방** : 어떤 사건 따위의 진상을 알아보기 위하여 탐문하고 찾아봄. 예 탐방기자(探訪記者)	**통치** : 원수·지배자 등이 주권을 행사하여 국민을 다스림. 예 국민통치(國民統治)

七	寸	快	晴	脫	線	探	訪	統	治
일곱 칠	마디 촌	쾌할 쾌	갤 청	벗을 탈	실 선	찾을 탐	찾을 방	거느릴 통	다스릴 치

필수 中學九百漢字
TAEILL's Work Book

오늘의 명언

投射	特別	波浪	判異	八篇
투사 : 빛·파동 따위가 어떤 매질을 통과하여 다른면에 이름. 예 투사광선(投射光線)	**특별** : ① 보통 보다 훨씬 뛰어남. ② 보통과 아주 다름. 예 특별활동(特別活動)	**파랑** : 물결. 파도. 예 파랑파고(波浪波高)	**판이** : 모양·성격·질 따위가 아주 다름. 예 성격판이(性格判異)	**팔편** : 책 따위의 편수 중 여덟째 편이나 여덟 개의 편 예 만화팔편(漫畫八篇)

投	射	特	別	波	浪	判	異	八	篇
던질 투	쏠 사	특별할 특	다를 별	물결 파	물결 랑	판단할 판	다를 이	여덟 팔	책 편

必須 중학생이 알아야 할 故事成語(고사성어)

● 醉生夢死(취생몽사) 술에 취하듯 꿈을 꾸듯 흐리멍텅하게 한평생을 보냄.
● 七顚八起(칠전팔기) 일곱 번 넘어지고 여덟 번 일어남. 곧 실패를 무릅쓰고 분투함을 이르는 말.

필수 中學九百漢字
TAEILL's Work Book

便安	片瓦	平均	暴雨	風速
편안 : ① 몸이나 마음이 편하고 좋음. ② 아무 일 없이 무사함. 예 편안자세(便安姿勢)	편와 : 기와 조각. 조각난 기와. 예 파편청와(破片靑瓦)	평균 : 수·양·성적 따위의 크고 작은 차의 중간 값을 구함. 예 평균점수(平均點數)	폭우 : 갑자기 사납게 많이 쏟아지는 비. 예 폭풍폭우(暴風暴雨)	풍속 : 바람의 속도. 초속·시속 따위로 나타내는 바람의 속도. 예 시속풍속(時速風速)

便	安	片	瓦	平	均	暴	雨	風	速
편안 편	편안할 안	조각 편	기와 와	평평할 평	고를 균	사나울 폭	비 우	바람 풍	빠를 속

오늘의 명언

♣ 가정에서 부도덕한 일을 하는 것은 과일에 벌레가 붙은 것과 같다. 알지 못하는 사이에 퍼져가므로.
탈무드

彼此	必須	河川	漢江	寒冷
피차 : ① 이것과 저것. 이편과 저편 사이. ② 서로. 例 피차일반(彼此一般)	필수 : ① 반드시 있어야 하는 것. ② 꼭 필요한 것. 例 필수과목(必須科目)	하천 : 시내. 강. 강줄기. 물이 흘러내리는 천. 例 산하천류(山河川流)	한강 : 한국의 중부 지대를 흐르고 있는 강. 한수. 例 한강이남(漢江以南)	한랭 : 기온·날씨 따위가 몹시 차고 매우 추움. 例 한랭전선(寒冷前線)

彼	此	必	須	河	川	漢	江	寒	冷
저 피	이 차	반드시 필	모름지기 수	물 하	내 천	한수 한	강 강	찰 한	찰 랭

필수 중학생이 알아야 할 故事成語(고사성어)

● 破竹之勢(파죽지세) 대를 쪼개는 기세. 곧 막을 수 없게 맹렬히 적을 치는 기세.
● 表裏不同(표리부동) 마음이 음흉하여 겉과 속이 다름.

筆修 中學九百漢字
TAEILL's Work Book

限度	閑忙	韓屋	合唱	恒常
한도: ① 일정하게 정한 정도. ② 양·금액·기량 따위의 한계. 예 일정한도(一定限度)	**한망**: 한가함과 바쁨. 예 한가분망(閑暇奔忙)	**한옥**: 한국 고대의 건축 양식으로 지은 초가와 기와집. 예 남향한옥(南向韓屋)	**합창**: 여러 사람이 이부·삼부·사부 따위로 나뉘어 화음을 이루면서 노래함.	**항상**: 늘. 매일. 항용. 늘 상. 예 항상준비(恒常準備)

限	度	閑	忙	韓	屋	合	唱	恒	常
한정 한	법 도	한가할 한	바쁠 망	나라 한	집 옥	합할 합	노래부를 창	항상 항	항상 상

☂ **必須** **중학생이 알아야 할 故事成語(고사성어)**

● **風前燈火(풍전등화)** 바람 앞에 켠 등불이란 뜻으로, 어떤 일이 매우 위급한 처지에 놓여 있음을 가리키는 말.

● **漢江投石(한강투석)** 한강에 돌 던지기. 곧 애써도 보람 없음을 이르는 말.

필수 中學九百漢字
TAEILL's Work Book

解渴	幸福	向發	虛榮	現在
해갈 : ① 목마름을 풂. ② 비가 내리거나 하여 가물음을 면함. 예 감우해갈(甘雨解渴)	행복 : ① 복된 운수. ② 모자란 것이 없이 마음에 차고 기쁨. 예 행복추구(幸福追求)	향발 : 목적지를 향해 차량·사람 따위가 출발함. 예 향발도착(向發到着)	허영 : ① 분에 넘치는 외관상의 영화. ② 필요 이상의 겉치레. 예 허영심리(虛榮心理)	현재 : ① 이제. 지금. ② 과거와 미래를 잇는 시간의 경계. 예 현재상황(現在狀況)

解	渴	幸	福	向	發	虛	榮	現	在
풀 해	목마를 갈	다행 행	복 복	향할 향	필 발	빌 허	영화 영	나타날 현	있을 재

必須 중학생이 알아야 할 故事成語(고사성어)

● 咸興差使(함흥차사) 한번 가기만 하면 깜깜 무소식이란 뜻으로, 심부름꾼이 가서 소식이 아주 없거나 회답이 더디 올때에 쓰는 말.

● 虛心坦懷(허심탄회) 마음 속에 아무런 사념 없이 품은 생각을 터놓고 말함.

필수 中學九百漢字
TAEILL's Work Book

오늘의 명언

♣ 학문의 최대의 적은 자기 마음속에 있는 유혹이다.

윈스톤 처칠

血眼	協力	形式	兄弟	湖水
혈안 : 기를 쓰고 덤벼서 핏발이 선 눈. 열광적으로 몰아치는 일. 예 욕심혈안(慾心血眼)	**협력** : 어떤 일에 있어서 서로 돕는 마음으로 힘을 모음. 예 협력협조(協力協助)	**형식** : ① 겉모양. 외형. ② 격식이나 절차. ③ 고정된 관념이나 상태. 예 형식실질(形式實質)	**형제** : ① 형과 아우. ② 한 부모 밑에서 낳고 자란 동기. 예 형제자매(兄弟姉妹)	**호수** : 육지 내부에 위치하여 못보다 깊고 넓게 물이 괸 곳. 예 인공호수(人工湖水)

血	眼	協	力	形	式	兄	弟	湖	水
피 혈	눈 안	도울 협	힘 력	형상 형	법 식	맏 형	아우 제	호수 호	물 수

血	眼	協	力	形	式	兄	弟	湖	水

必須 중학생이 알아야 할 故事成語(고사성어)

- **賢母良妻(현모양처)** 어진 어머니이면서도 또한 착한 아내.
- **懸河口辯(현하구변)** 흐르는 물과 거침없이 술술 나오는 말. (동) 懸河雄辯(현하웅변). 懸河之辯(현하지변).

中學九百漢字
TAEILL's Work Book
필수

오늘의 명언
♣ 남의 과실을 생각하기 전에 먼저 내 자신의 잘못을 돌아보자. 남을 책망하기 전에 먼저 내 잘못을 꾸짖자.
힐티

或是	混同	婚禮	紅赤	畵房
혹시 : ① 만일에. 혹여. ② 혹시(或時). 어찌다가. 어떠한 때에. 예 혹시만일(或是萬一)	**혼동** : ① 뒤섞음. ② 뒤섞어 보거나 잘못 판단함. 예 착오혼동(錯誤混同)	**혼례** : ① 혼인의 의례. 혼인에 관한 의식과 예식. ② 「혼례식」의 준말. 예 결혼혼례(結婚婚禮)	**홍적** : 본홍색과 빨강색. 예 홍적청록(紅赤靑綠)	**화방** : 화실. 화가·조각가 등이 미술적 작품을 만드는 방. 예 화방화실(畵房畵室)

或	是	混	同	婚	禮	紅	赤	畵	房
혹 혹	이 시	섞을 혼	한가지 동	혼인할 혼	예도 례	붉을 홍	붉을 적	그림 화	방 방

或	是	混	同	婚	禮	紅	赤	畵	房

必須 중학생이 알아야 할 故事成語(고사성어)

● **螢雪之功(형설지공)** 중국 진(晋)나라 차윤(車胤)이 반딧불로 글을 읽고 손강(孫康)이 눈빛으로 글을 읽었다는 고사에서 유래된 말로써, 갖은 고생을 하며 학문을 닦은 보람을 뜻함.

● **糊口之策(호구지책)** 가난한 살림에서 겨우 먹고 살아가는 방책.

필수 中學九百漢字
TAEILL's Work Book

花草	歡迎	皇帝	休眠	胸中
화초 : ① 더하거나 뺌. ②보태거나 덞. ③ 더하거나 덜어서 알맞게 조절함.	환영 : 오는 손님 등을 기쁜 마음으로 맞음. 예 환영회식(歡迎會食)	황제 : 고대 제국의 군주. 천자의 높임말로 대제라고 불리던 군주. 예 제국황제(帝國皇帝)	휴면 : 쉬고 활동을 잠시 하지 않는 상태나 거의 정지한 상태. 예 휴면상태(休眠狀態)	흉중 : ① 가슴속. ② 마음에 두고 있는 생각이나 진정한 마음. 예 흉중진담(胸中眞談)

花	草	歡	迎	皇	帝	休	眠	胸	中
꽃 화	풀 초	기쁠 환	맞을 영	임금 황	임금 제	쉴 휴	잠잘 면	가슴 흉	가운데 중

필수 中學九百漢字
TAEILL's Work Book

오늘의 명언

♣ 논쟁할 때는 조용하라. 맹렬은 잘못을 격점으로 만들고 진실을 무례(無禮)로 만들기 때문이다.

조지 허버트

凶豊	黑色	興亡	喜怒	希望
흉풍 : ① 흉년과 풍년 ② 궁색하고 곤궁함과 풍요로움. 예 흉년풍년(凶年豊年)	**흑색** : ① 검은 빛. ② 무정부주의를 상징하는 빛깔. 예 흑색선전(黑色宣傳)	**흥망** : 국가나 민족 · 인간사 따위가 흥하는 것과 망하는 일. 예 흥망성쇠(興亡盛衰)	**희로** : 기쁨과 노여움. 기쁜 일과 노여운 일. 예 희노애락(喜怒哀樂)	**희망** : 어떤 일 따위를 이루거나 얻고자 기대하고 바람. 예 희망사항(希望事項)

凶	豊	黑	色	興	亡	喜	怒	希	望
흉할 흉	풍년 풍	검을 흑	빛 색	일어날 흥	망할 망	기쁠 희	성낼 노	바랄 희	바랄 망

必須 중학생이 알아야 할 故事成語(고사성어)

● 昏定晨省(혼정신성) 밤에 잘 때에 부모의 침소에서 가서 편히 주무시기를 여쭙고, 아침에 다시 가서 밤새의 안후를 살피는 일.

● 紅爐點雪(홍로점설) 큰 일을 함에 있어서 작은 힘이 아무런 보탬이 되지 못함을 비유하는 말.

필수 中學九百漢字
TAEILL's Work Book

오늘의 명언

♡ 우리가 할 수 있는 최선을 다할 때, 우리의 삶에, 아니 타인의 삶에 어떤 기적이 일어나는지 아무도 모를 것입니다!

헬렌 켈러

久	求	刀	徒	斗	凉	李	思	昔	雖
久	求	刀	徒	斗	凉	李	思	昔	雖
오랠 구	구할 구	칼 도	무리 도	말 두	서늘 량	오얏 리	생각 사	옛 석	비록 수
久ヽ	小く、	フノ	彳土	冫ー丨	凉八	小了	田心	一止日	虽隹

必須 중학생이 알아야 할 故事成語(고사성어)

● 紅一點 (홍 일 점) 왕형공(王荊公)의 석류시(石榴詩) 「만록총중홍일점(萬綠叢中紅一點)」에서 나온 말로써 푸른 잎 가운데 한 송이 붉은 꽃이 피어 있다는 뜻으로, 많은 남자들 사이에 끼어 있는 한 사람뿐인 여자를 가리키는 말.

中學九百漢字
TAEILL's Work Book
필수

叔	拾	試	也	羊	易	吾	臥	曰	要
叔	拾	試	也	羊	易	吾	臥	曰	要
아재비 숙	주을 습	시험할 시	어조사 야	양 양	바꿀 역	나 오	누울 와	가로 왈	중요할 요

叔	拾	試	也	羊	易	吾	臥	曰	要

필수 중학생이 알아야 할 故事成語(고사성어)

● 畵龍點睛(화룡점정) 옛날 명화가(名畵家)가 용을 그리고 눈을 그려 넣었더니 하늘로 올라갔다는 고사에서 나온 말로 사물의 긴요한 곳을 이르는 말.

中學九百漢字
필수
TAEILL's Work Book

오늘의 명언

♡ 심신(心身)을 함부로 굴리지 말고, 제 잘난 체하지 말고, 말을 함부로 하지 말라.

퇴계 이황

欲	又	尤	憂	元	猶	酉	吟	泣	栽
欲	又	尤	憂	元	猶	酉	吟	泣	栽
하고자할 욕	또 우	더욱 우	근심 우	으뜸 원	오히려 유	닭 유	읊을 음	울 읍	마를 재

必須 중학생이 알아야 할 故事成語(고사성어)

● 畫蛇添足(화사첨족) 뱀을 그리다가 실물에는 없는 발을 그려 넣어서 원모양과 다르게 되었다는 뜻으로 쓸데 없는 짓을 덧붙여 하다가 도리어 실패함을 가리키는 말. (준) 蛇足(사족)

中學九百漢字
TAEILL's Work Book

필수

貯	錢	井	靜	除	鐘	坐	增	證	之
貯	錢	井	靜	除	鐘	坐	增	證	之
쌓을 저	돈 전	우물 정	고요 정	제할 제	쇠북 종	앉을 좌	더할 증	증거 증	갈 지

必須　중학생이 알아야 할 故事成語(고사성어)

● 確乎不拔(확호불발)　매우 든든하여 흔들리지 아니함.
● 換骨奪胎(환골탈태)　딴 사람이 된 듯이 용모가 환하게 트이고 아름다와짐.

中學九百漢字
필수 TAEILL's Work Book

支	枝	且	借	昌	冊	泉	齒	針	泰
支	枝	且	借	昌	冊	泉	齒	針	泰
지탱할 지	가지 지	또 차	빌릴 차	창성할 창	책 책	샘 천	이 치	바늘 침	클 태

必須 중학생이 알아야 할 故事成語(고사성어)

● 患難相救(환난상구) 근심과 재앙을 서로 구하여 줌.
● 荒唐無稽(황당무계) 말이 근거가 없고 허황함.

中學九百漢字
필수
TAEILL's Work Book

破	布	抱	匹	亥	虎	有	終	之	美
破	布	抱	匹	亥	虎	有	終	之	美
깨뜨릴 파	베 포	안을 포	짝 필	돼지 해	범 호	있을 유	마칠 종	갈 지	아름다울 미

必須 중학생이 알아야 할 故事成語(고사성어)

● 橫說竪說(횡설수설) 조리가 없는 말로 함부로 지껄임. (동) 橫竪說去(횡수설거).橫竪說話(횡수설화).

● 興盡悲來(흥진비래) 즐거운 일이 다하면 슬픈 일이 옴. 곧 세상 일이 돌고 돌아 순환됨을 이르는 말. (반) 苦盡甘來(고진감래)

音別索引

(級數別)

音別索引 (級數表記)

※ 여기에서의 훈음은 한자능력 검정시험을 기초로 표기 하였음.

※훈음은 가나다순

급수	표제자	훈음		page	급수	표제자	훈음		page
II 3	佳	아름다울	가	13	7급	江	강	강	90
II 4	假	거짓	가	12	II 4	講	강론할/욀	강	14
5급	價	값	가	30	II 4	個	낱	개	15
5급	加	더할	가	12	5급	改	고칠	개	15
5급	可	옳을	가	12	II 3	皆	다	개	15
7급	家	집	가	13	6급	開	열	개	15
7급	歌	노래	가	12	5급	客	손	객	80
II 4	街	거리	가	12	5급	去	갈	거	16
6급	各	각각	각	13	4급	居	살	거	16
6급	角	뿔	각	44	4급	巨	클	거	16
II 3	脚	다리	각	13	5급	擧	들	거	47
4급	干	방패	간	14	II 3	乾	마를/하늘	건	16
4급	看	볼	간	13	5급	建	세울	건	17
7급	間	사이	간	54	4급	堅	굳을	견	17
II 3	渴	목마를	갈	92	4급	犬	개	견	17
II4	減	덜	감	12	5급	見	볼	견	17
6급	感	느낄	감	14	5급	決	결단할	결	18
4급	敢	구태여/감히	감	64	II 4	潔	깨끗할	결	83
4급	甘	달	감	14	5급	結	맺을	결	17
4급	甲	갑옷/첫째천간	갑	14	6급	京	서울	경	25
6급	強	강할	강	15	II 3	庚	별	경	19
4급	降	내릴	강	53	II 4	慶	경사	경	18
		항복할	항		5급	敬	공경	경	18

급수	표제자	훈음		page	급수	표제자	훈음		page
5급	景	볕	경	19	6급	共	한가지	공	22
4급	更	고칠	경	16	6급	功	공	공	21
		다시	갱		7급	工	장인	공	22
5급	競	다툴/겨룰	경	18	7급	空	빌	공	22
II 4	經	글/지날	경	18	6급	果	실과	과	17
II 3	耕	밭갈	경	30	5급	過	지날	과	13
5급	輕	가벼울	경	19	6급	科	과목	과	22
4급	驚	놀랄	경	37	5급	課	과할	과	22
4급	季	계절	계	20	II 4	官	벼슬	관	23
II 3	溪	시내	계	19	5급	觀	볼	관	23
6급	界	지경	계	49	5급	關	관계할	관	23
4급	癸	열째천간	계	20	6급	光	빛	광	23
6급	計	셀	계	20	5급	廣	넓을	광	23
4급	鷄	닭	계	19	6급	交	사귈	교	24
6급	古	예	고	84	8급	敎	가르칠	교	79
5급	告	고할	고	23	8급	校	학교	교	23
5급	固	굳을	고	17	5급	橋	다리	교	42
II 4	故	연고	고	20	II 3	久	오랠	구	97
5급	考	생각할	고	82	8급	九	아홉	구	24
6급	苦	쓸/괴로울	고	72	7급	口	입	구	24
6급	高	높을	고	20	II 4	句	글귀	구	37
5급	曲	굽을	곡	21	5급	救	구원할	구	24
4급	穀	곡식	곡	63	II 4	求	구할	구	97
II 3	谷	골	곡	19	6급(高)	球	공	구	81
4급	困	곤할	곤	21	II 4	究	연구할	구	61
II 3	坤	땅	곤	16	5급	舊	예/옛	구	50
4급	骨	뼈	골	21	8급	國	나라	국	24
6급	公	공평할	공	21	4급	君	임금	군	29

급수	표제자	훈음		page	급수	표제자	훈음		page
6급	郡	고을	군	25	7급	記	기록할	기	27
8급	軍	군사	군	24	II 4	起	일어날	기	27
II 3	弓	활	궁	57	5급	吉	길할	길	28
4급	勸	권할	권	25	II 4	暖	따뜻할	난	64
4급	券	책	권	47	II 4	難	어려울	난	21
II 4	權	권세	권	25	8급	南	남녘	남	29
4급	歸	돌아갈	귀	25	7급	男	사내	남	29
5급	貴	귀할	귀	25	II 3	乃	이에	내	29
4급	均	고를	균	89	7급	內	안	내	29
II 4	極	극진할/다할	극	26	8급	女	계집	녀	29
4급	勤	부지런할	근	15	8급	年	해	년	61
6급	根	뿌리	근	83	5급	念	생각	념	45
6급	近	가까울	근	26	II 4	怒	성낼	노	96
6급	今	이제	금	74	7급	農	농사	농	30
II 4	禁	금할	금	26	5급	能	능할	능	12
8급	金	쇠	금	49	6급	多	많을	다	30
		성	김		II 3	丹	붉을	단	80
II 3	及	미칠	급	26	II 3	但	다만	단	30
6급	急	급할	급	24	II 4	單	홑	단	30
5급	給	줄	급	26	6급	短	짧을	단	74
II 3	其	그	기	28	II 4	端	끝	단	30
5급	基	터	기	28	II 4	達	통달할	달	31
5급	己	몸	기	27	5급	談	말씀	담	31
II 3	幾	몇	기	27	7급	答	대답	답	41
5급	技	재주	기	27	6급	堂	집	당	14
II 3	旣	이미	기	28	5급	當	마땅	당	76
5급	期	기약할	기	84	6급	代	대신	대	31
7급	氣	기운	기	73	8급	大	큰	대	66

급수	표제자	훈음		page	급수	표제자	훈음		page
6급	對	대할	대	46	6급	等	무리	등	34
6급	待	기다릴	대	31	5급	落	떨어질	락	28
5급	德		덕	31	6급	樂	즐길	락	67
II 3	刀		도	97			노래	악	
5급	到	이를	도	32	4급	卵	알	란	19
6급	圖	그림	도	32	II 3	浪	물결	랑	88
5급	島	섬	도	39	II 3	郎	사내	랑	29
6급	度	법	도	91	7급	來	올	래	71
		헤아릴	탁		5급	冷	찰	랭	90
4급	徒	무리	도	97	II 4	兩	두	량	57
5급	都	도읍	도	32	II 3	凉	서늘할	량	97
4급	逃	도망할	도	32	5급	良	어질	량	58
7급	道	길	도	31	5급	量	헤아릴	량	51
5급	獨		독	32	5급	旅	나그네	려	59
6급	讀	읽을	독	33	7급	力	힘	력	93
7급	冬		동	85	5급	歷	지날	력	60
7급	動	움직일	동	65	II 4	連	이을	련	61
7급	同	한가지	동	94	5급	練	익힐	련	61
7급	洞	골	동	33	II 4	列	벌릴	렬	62
		밝을	통		4급	烈	매울	렬	61
8급	東	동녘	동	33	5급	令	하여금	령	36
6급	童	아이	동	56	5급	領	거느릴	령	62
II 4	斗		두	97	6급	例	법식	례	63
II 4	豆	콩	두	33	6급	禮	예도	례	94
6급	頭	머리	두	33	6급	勞	힘쓸	로	21
II 4	得	얻을	득	34	7급	老	늙을	로	65
II 4	燈	등/등잔	등	34	6급	路	길	로	12
7급	登	오를	등	34	II 3	露	이슬	로	46

급수	표제자	훈음		page	급수	표제자	훈음		page
6급	綠	푸를	록	84	5급	買	살	매	35
II 4	論	논할	론	70	5급	賣	팔	매	35
5급	料	헤아릴	료	75	II 3	麥	보리	맥	35
5급	流	흐를	류	67	II 3	免	면할	면	35
4급	柳	버들	류	45	4급	勉	힘쓸	면	25
II 4	留	머무를	류	41	II 3	眠	잘	면	95
8급	六	여섯	륙	68	7급	面	낯	면	25
5급	陸	뭍	륙	57	7급	名	이름	명	12
II 3	倫	인륜	륜	68	7급	命	목숨	명	36
II 4	律	법칙	률	40	6급	明	밝을	명	36
6급	利	이로울	리	71	4급	鳴	울	명	43
6급	李	오얏	리	97	II 3	暮	저물	모	36
6급	理	다스릴	리	68	8급	母	어미	모	42
7급	里	마을	리	33	II 4	毛	터럭	모	36
7급	林	수풀	림	73	8급	木	나무	목	16
7급	立	설	립	32	6급	目	눈	목	22
5급	馬	말	마	17	II 3	卯	토끼	묘	55
II 3	莫	없을	막	34	4급	妙	묘할	묘	77
II 4	滿	찰	만	35	II 4	務	힘쓸	무	70
II 3	晚	늦을	만	78	II 3	戊	천간	무	37
8급	萬	일만	만	39	II 4	武	호반	무	66
5급	末	끝	말	61	5급	無	없을	무	37,67
5급	亡	망할	망	96	3급	茂	무성할	무	36
II 3	忙	바쁠	망	91	4급	舞	춤출	무	65
II 3	忘	잊을	망	43	II 3	墨	먹	묵	37
5급	望	바랄	망	96	7급	問	물을	문	63
4급	妹	누이	매	73	7급	文	글월	문	37
7급	每	매양	매	35	6급	聞	들을	문	74

급수	표제자	훈음		page	급수	표제자	훈음		page
8급	門	문	문	23	5급	變	변할	변	40
II 3	勿	말	물	37	6급	別	다를/나눌	별	88
7급	物	물건	물	17	II 3	丙	남녘	병	40
II 4	味	맛	미	68	5급	兵	병사	병	76
II 3	尾	꼬리	미	51	6급	病	병	병	41
II 4	未	아닐	미	38	II 4	保	지킬	보	41
6급	米	쌀	미	38	II 4	報	갚을/알릴	보	41
6급	美	아름다울	미	38	II 4	步	걸음	보	58
8급	民	백성	민	38	4급	伏	엎드릴	복	27
II 4	密	빽빽할	밀	38	II 4	復	회복할	복	43
6급	朴	성/순박할	박	50			다시	부	
6급	半	반	반	39	6급	服	옷	복	70
6급	反	돌아올/돌이킬	반	39	5급	福	복	복	92
II 3	飯	밥	반	35	6급	本	근본	본	13
6급	發	필	발	92	5급	奉	받들	봉	41
II 4	防	막을	방	39	II 3	逢	만날	봉	41
II 4	房	방	방	94	4급	否	아닐	부	42
6급	放	놓을	방	85	7급	夫	지아비	부	42
7급	方	모	방	26	II 4	婦	며느리	부	42
II 4	訪	찾을	방	87	II 4	富	부자	부	44
II 4	拜	절	배	18	3급	扶	도울	부	42
II 3	杯	잔	배	48	II 3	浮	뜰	부	42
8급	白	흰	백	39	6급	部	떼	부	76
7급	百	일백	백	39	8급	父	아비	부	42
6급	番	차례	번	40	8급	北	북녘	북	29
II 4	伐	칠	벌	40			달아날	배	
II 3	凡	무릇	범	44	6급	分	나눌	분	86
5급	法	법	법	40	II 4	佛	부처	불	43

급수	표제자	훈음		page	급수	표제자	훈음		page
7급	不	아닐	불	43	4급	散	흩을	산	82
		아닐	부		5급	産	낳을	산	47
II 3	朋	벗	붕	43	7급	算	셈	산	20
II 4	備	갖출	비	51	II 4	殺	죽일	살	45
II 4	悲	슬플	비	43			감할	쇄	
5급	比	견줄	비	44	8급	三	석	삼	45
II 4	非	아닐	비	44	7급	上	윗	상	83
II 4	飛	날	비	63	4급	傷	다칠	상	45
5급	鼻	코	비	24	5급	商	장사	상	46
II 4	貧	가난할	빈	44	II 3	喪	잃을	상	46
5급	氷	얼음	빙	44	II 3	尙	오히려	상	53
7급	事	일	사	18	II 4	常	떳떳/항상	상	91
5급	仕	섬길	사	41	II 4	想	생각	상	45
6급	使	하여금/부릴	사	45	5급	相	서로	상	46
8급	四	넉	사	44	5급	賞	상줄	상	46
5급	史	사기	사	60	II 3	霜	서리	상	46
5급	士	선비	사	61	7급	色	빛	색	96
II 4	寺	절	사	43	8급	生	날	생	47
4급	射	쏠	사	88	5급	序	차례	서	33
II 3	巳	뱀	사	27	II 3	暑	더울	서	62
II 4	師	스승	사	70	6급	書	글	서	33
5급	思	생각	사	97	8급	西	서녘	서	33
6급	死	죽을	사	27	7급	夕	저녁	석	79
4급	絲	실	사	45	6급	席	자리	석	47
4급	私	사사	사	21	II 3	惜	아낄	석	57
II 4	舍	집	사	23	II 3	昔	옛	석	97
II 4	謝	사례할	사	14	6급	石	돌	석	64
8급	山	메	산	56	5급	仙	신선	선	47

급수	표제자	훈음		page	급수	표제자	훈음		page
8급	先	먼저	선	64	8급	小	작을	소	50
5급	善	착할	선	47	7급	少	적을/젊을	소	30
5급	選	가릴	선	47	6급	消	사라질	소	86
6급	線	줄	선	87	7급	所	바	소	52
5급	船	배	선	58	II 4	笑	웃음	소	31
5급	鮮	고울	선	48	II 4	素	본디	소	50
4급	舌	혀	설	48	II 4	俗	풍속	속	50
II 4	設	베풀	설	54	6급	速	빠를	속	89
5급	說	말씀	설	76	II 4	續	이을	속	82
		달렐	세		6급	孫	손자	손	74
6급	雪	눈	설	44	4급	松	소나무	송	50
II 4	城	재	성	14	II 4	送	보낼	송	50
7급	姓	성	성	48	II 4	修	닦을	수	52
5급	性	성품	성	48	II 4	受	받을	수	51
6급	成	이룰	성	31	II 3	壽	목숨	수	38
II 4	星	별	성	67	II 4	守	지킬	수	51
II 4	盛	성할	성	36	II 4	授	줄	수	51
6급	省	살필	성	39	II 3	愁	근심	수	59
		덜	생		7급	手	손	수	12
II 4	聖	성인	성	48	II 4	收	거둘	수	62
II 4	聲	소리	성	69	7급	數	셈	수	51
II 4	誠	정성	성	77	6급	樹	나무	수	55
7급	世	인간	세	49	8급	水	물	수	93
II 4	勢	형세	세	25	4급	秀	빼어날	수	51
5급	洗	씻을	세	49	II 3	誰	누구	수	52
5급	歲	해	세	49	II 3	雖	비록	수	97
II 4	稅	세금	세	49	II 3	須	모름지기	수	90
II 4	細	가늘	세	49	5급	首	머리	수	51

급수	표제자	훈음		page	급수	표제자	훈음		page
4급	叔	아재비	숙	98	7급	食	밥	식	69
3급	孰	누구	숙	52	6급	信	믿을	신	55
5급	宿	잘	숙	52	6급	新	새	신	16
		별자리	수		II4	申	납	신	73
II3	淑	맑을	숙	77	6급	神	귀신	신	55
II4	純	순수할	순	53	5급	臣	신하	신	80
5급	順	순할	순	52	6급	身	몸	신	55
II3	戌	개	술	37	II3	辛	매울	신	55
4급	崇	높을	숭	53	6급	失	잃을	실	34
II3	拾	주울	습	98	8급	室	집	실	64
		열	십		5급	實	열매	실	59
6급	習	익힐	습	61	II4	深	깊을	심	56
II3	乘	탈	승	53	7급	心	마음	심	23
6급	勝	이길	승	53	II3	甚	심할	심	34
II4	承	이을	승	53	8급	十	열	십	24
6급	始	비로소	시	54	5급	兒	아이	아	56
7급	市	저자	시	32	II3	我	나	아	56
II4	施	베풀	시	54	5급	惡	악할	악	47
II4	是	이	시	94			미워할	오	
7급	時	때	시	54	7급	安	편안	안	89
5급	示	보일	시	81	5급	案	책상	안	32
II4	視	볼	시	54	II4	眼	눈	안	93
II4	詩	시	시	54	II3	顏	낯	안	56
II4	試	시험	시	98	II3	巖	바위	암	56
4급	氏	각시/성	씨	48	II4	暗	어두울	암	36
6급	式	법	식	93	II3	仰	우러를	앙	55
7급	植	심을	식	55	II3	哀	슬플	애	57
5급	識	알/기록할	식	81	6급	愛	사랑	애	57

급수	표제자	훈음		page	급수	표제자	훈음		page
II3	也	이끼	야	98	II 4	餘	남을	여	60
6급	夜	밤	야	80	II 3	亦	또	역	60
6급	野	들	야	73	4급	易	바꿀	역	98
6급	弱	약할	약	15			쉬울	이	
II 3	若	같을	약	52	II 4	逆	거스릴	역	60
		반야	야		II 4	煙	연기	연	36
6급	藥	약	약	47	7급	然	그럴	연	60
5급	約	맺을	약	13	II 4	研	갈	연	61
II 3	揚	날릴	양	57	3급	悅	기쁠	열	63
6급	洋	큰바다	양	57	5급	熱	더울	열	44
6급	陽	볕	양	69	2급	炎	불꽃	염	62
II 4	羊	양	양	98	5급	葉	잎	엽	28
II 3	讓	사양할	양	58	II 4	榮	영화	영	92
5급	養	기를	양	58	6급	永	길	영	62
5급	漁	고기잡을	어	58	6급	英	꽃부리	영	62
II 3	於	어조사	어	59	4급	迎	맞을	영	95
		탄식할	오		II 4	藝	재주	예	27
7급	語	말씀	어	38	8급	五	다섯	오	63
5급	魚	물고기	어	58	7급	午	낮	오	30
5급	億	억	억	59	II 3	吾	나	오	98
II 3	憶	생각할	억	27	II 3	悟	깨달을	오	63
6급	言	말씀	언	50	II 3	烏	까마귀	오	63
4급	嚴	엄할	엄	79	II 4	誤	그르칠	오	63
6급	業	업/일	업	59	5급	屋	집	옥	91
II 3	余	나	여	60	II 4	玉	구슬	옥	64
II 4	如	같을	여	59	6급	溫	따뜻할	온	64
II 3	汝	너	여	60	II 3	瓦	기와	와	89
4급	與	더불/줄	여	46	II 3	臥	누울	와	98

급수	표제자	훈음		page	급수	표제자	훈음		page
5급	完	완전할	완	38	II 4	圓	둥글	원	65
II 3	曰	가로	왈	98	4급	怨	원망할	원	66
II 4	往	갈	왕	98	6급	遠	멀	원	62
8급	王	임금	왕	86	5급	願	원할	원	82
8급	外	바깥	외	29	8급	月	달	월	49
5급	要	요긴할	요	98	5급	位	자리	위	34
5급	浴	목욕할	욕	64	5급	偉	클	위	66
II 3	欲	하고자할	욕	99	4급	危	위태할	위	67
6급	勇	날랠	용	64	4급	威	위엄	위	66
II 4	容	얼굴	용	38	II 4	爲	하(할)	위	66
6급	用	쓸	용	45	II 3	唯	오직	유	67
II 3	于	어조사	우	64	II 3	幼	어릴	유	68
II 3	又	또	우	99	6급	油	기름	유	26
5급	友	벗	우	43	II 3	猶	오히려	유	99
7급	右	오른쪽	우	79	7급	有	있을	유	22,67
II 3	宇	집	우	65	II 3	柔	부드러울	유	68
II 3	尤	더욱	우	99	4급	遊	놀	유	67
II 3	憂	근심	우	99	4급	遺	남길	유	68
5급	牛	소	우	65	6급	由	말미암을	유	18
4급	遇	만날	우	41	II 3	酉	닭	유	99
5급	雨	비	우	89	II 4	肉	고기	육	21
II 3	云	이를	운	99	7급	育	기를	육	58
6급	運	옮길	운	65	II 4	恩	은혜	은	69
5급	雲	구름	운	39	6급	銀	은	은	69
5급	雄	수컷	웅	62	II 3	乙	새	을	14
5급	元	으뜸	원	65	II 3	吟	읊을	음	99
5급	原	언덕/근원	원	66	II 4	陰	그늘	음	69
6급	園	동산	원	76	6급	音	소리	음	69

급수	표제자	훈음		page	급수	표제자	훈음		page
6급	飮	마실	음	69	8급	日	날	일	73
II 3	泣	울	읍	99	II 3	壬	북방	임	73
7급	邑	고을	읍	70	7급	入	들	입	73
II 4	應	응할	응	52	4급	姉	손위누이	자	73
4급	依	의지할	의	71	7급	子	아들	자	74
6급	意	뜻	의	80	7급	字	글자	자	63
II 3	矣	어조사	의	71	II 3	慈	사랑	자	72
II 4	義	옳을	의	70	6급	者	놈	자	45
II 4	議	의논할	의	70	7급	自	스스로	자	74
6급	衣	옷	의	70	6급	作	지을	작	75
6급	醫	의원	의	70	6급	昨	어제	작	74
8급	二	두	이	72	7급	場	마당	장	22
II 3	以	써	이	71	4급	壯	장할	장	74
II 3	己	이미	이	71	II 4	將	장수	장	75
4급	異	다를	이	88	6급	章	글	장	72
II 4	移	옮길	이	85	8급	長	긴	장	74
II 3	而	말이을	이	71	5급	再	두	재	75
5급	耳	귀	이	60	II 3	哉	어조사	재	71
II 4	益	더할	익	71	6급	在	있을	재	92
8급	人	사람	인	15	6급	才	재주	재	51
4급	仁	어질	인	72	5급	材	재목	재	75
II 4	印	도장	인	72	II 3	栽	심을	재	99
5급	因	인할	인	66	5급	財	재물	재	75
II 3	寅	범/동방	인	40	5급	爭	다툴	쟁	18
4급	引	끌	인	72	II 4	低	낮을	저	20
II 3	忍	참을	인	72	II 3	著	나타낼	저	75
II 4	認	알	인	42	5급	貯	쌓을	저	100
8급	一	한	일	67	II 4	敵	대적할	적	76

급수	표제자	훈음		page	급수	표제자	훈음		page
4급	適	맞을	적	76	II 3	頂	정수리	정	34
5급	的	과녁	적	54	4급	帝	임금	제	95
5급	赤	붉을	적	94	8급	弟	아우	제	93
7급	全	온전	전	76	II 4	除	덜	제	100
5급	傳	전할	전	76	II 4	齊	제사	제	78
5급	典	법	전	78	6급	第	차례	제	26
7급	前	앞	전	77	II 4	製	지을	제	78
5급	展	펼	전	82	II 3	諸	모두	제	78
6급	戰	싸움	전	48	6급	題	제목	제	22
II 4	田	밭	전	76	II 3	兆	억조	조	59
4급	錢	돈	전	100	II 4	助	도울	조	42
7급	電	번개	전	77	6급	朝	아침	조	79
5급	節	마디	절	20	II 4	早	이를	조	78
II 4	絶	끊을	절	77	II 4	造	지을	조	78
5급	店	가게	점	46	7급	祖	할아비	조	81
II 4	接	이을	접	31	5급	調	고를	조	28
4급	丁	장정/고무레	정	74	II 4	鳥	새	조	28
II 3	井	우물	정	100	6급	族	겨레	족	38
5급	停	머무를	정	78	7급	足	발	족	35
6급	定	정할	정	18	4급	存	있을	존	71
6급	庭	뜰	정	13	II 4	尊	높을	존	79
5급	情	뜻	정	57	5급	卒	마칠	졸	75
II 3	淨	깨끗할	정	49	II 4	宗	마루	종	79
II 4	政	정사	정	66	4급	從	좇을	종	53
7급	正	바를	정	52	5급	終	마칠	종	54
II 4	精	깨끗할	정	77	5급	種	씨	종	59
II 3	貞	곧을	정	77	4급	鐘	쇠북	종	100
4급	靜	고요할	정	100	II 3	坐	앉을	좌	100

급수	표제자	훈음		page	급수	표제자	훈음		page
7급	左	왼	좌	79	7급	紙	종이	지	37
5급	罪	허물	죄	79	II 4	至	이를	지	29
7급	主	임금/주인	주	80	6급	直	곧을	직	21
7급	住	살	주	19	II 4	進	나아갈	진	82
II 3	宙	집	주	65	4급	盡	다할	진	26
6급	注	부을	주	80	II 4	眞	참	진	53
6급	晝	낮	주	80	II 3	辰	별	진	19
4급	朱	붉을	주	80			때/날	신	
II 4	走	달릴	주	32	5급	質	바탕	질	48
4급	酒	술	주	14	II 3	執	잡을	집	56
II 4	竹	대	죽	50	6급	集	모을	집	82
8급	中	가운데	중	95	II 3	且	또	차	101
II 4	衆	무리	중	80	II 3	借	빌/빌릴	차	101
7급	重	무거울	중	19	II 4	次	버금	차	75
II 3	卽	곧	즉	81	II 3	此	이	차	90
II 4	增	더할	증	100	7급	車	수레	차/거	62
II 3	曾	일찌기	증	81	5급	着	붙을	착	32
4급	證	증거	증	100	II 4	察	살필	찰	54
II 3	只	다만	지	30	5급	參	참여할	참	82
7급	地	따/땅	지	81			석	삼	
II 3	之	갈	지	100	5급	唱	부를	창	91
II 4	指	가리킬	지	81	II 3	昌	창성할	창	101
4급	持	가질	지	82	6급	窓	창	창	83
II 4	支	지탱할	지	101	4급	採	캘	채	40
II 4	志	뜻	지	82	II 3	菜	나물	채	83
II 3	枝	가지	지	101	4급	冊	책	책	101
5급	止	그칠	지	26	5급	責	꾸짖을	책	72
5급	知	알	지	81	II 3	妻	아내	처	46

급수	표제자	훈음		page	급수	표제자	훈음		page
II 4	處	곳	처	13	II 4	忠	충성	충	86
II 3	尺	자	척	83	II 4	蟲	벌레	충	39,68
7급	千	일천	천	72	II 4	取	가질	취	86
7급	天	하늘	천	83	II 3	吹	불	취	86
7급	川	내	천	90	4급	就	나아갈	취	16
II 3	淺	얕은	천	56	II 4	治	다스릴	치	87
4급	泉	샘	천	101	5급	致	이를	치	19
5급	鐵	쇠	철	77	II 4	齒	이	치	101
6급	淸	맑을	청	83	5급	則	법칙	칙	57
II 3	晴	갤	청	87			곧	즉	
4급	聽	들을	청	84	6급	親	친할	친	86
II 4	請	청할	청	84	8급	七	일곱	칠	87
8급	靑	푸를	청	84	4급	針	바늘	침	101
6급	體	몸	체	55	II 4	快	쾌할	쾌	87
5급	初	처음	초	84	5급	他	다를	타	28
4급	招	부를	초	84	5급	打	칠	타	86
7급	草	풀	초	95	4급	脫	벗을	탈	87
8급	寸	마디	촌	87	4급	探	찾을	탐	87
7급	村	마을	촌	70	6급	太	클	태	33
5급	最	가장	최	84	II 3	泰	클	태	101
4급	推	밀	추	85	5급	宅	집	택	74
II 3	追	쫓을/따를	추	85			집	댁	
7급	秋	가을	추	85	8급	土	흙	토	83
II 3	丑	소	축	20	6급	通	통할	통	24
5급	祝	빌	축	85	II 4	統	거느릴	통	87
7급	春	봄	춘	85	II 4	退	물러날	퇴	37
7급	出	날	출	73	4급	投	던질	투	88
5급	充	채울	충	86	6급	特	특별한	특	88

급수	표제자	훈음		page	급수	표제자	훈음		page
II 4	波	물결	파	88	7급	夏	여름	하	85
II 4	破	깨뜨릴	파	102	5급	河	물	하	90
4급	判	판단할	판	88	II 3	賀	하례할	하	85
8급	八	여덟	팔	88	8급	學	배울	학	17
5급	敗	패할	패	53	5급	寒	찰	한	90
II 3	貝	조개	패	58	4급	恨	한	한	66
II 3	片	조각	편	89	7급	漢	한수	한	90
7급	便	편할	편	89	II 4	限	한할	한	91
		똥오줌	변		4급	閑	한가할	한	91
4급	篇	책	편	88	8급	韓	한국/나라	한	91
7급	平	평평할	평	89	6급	合	합할	합	91
4급	閉	닫을	폐	15	II 3	恒	항상	항	91
II 4	布	베	포	102	II 3	亥	돼지	해	102
		보시	보		5급	害	해할	해	67
II 3	抱	안을	포	102	7급	海	바다	해	22
II 4	暴	사나울	폭	89	II 4	解	풀	해	92
		모질	포		6급	幸	다행	행	92
6급	表	겉	표	31	6급	行	다닐	행	69
5급	品	물건	품	50			항렬	항	
4급	豊	풍년	풍	96	6급	向	향할	향	92
6급	風	바람	풍	89	II 4	鄕	시골	향	20
II 3	彼	저	피	90	II 4	香	향기	향	60
II 3	皮	가죽	피	36	II 4	虛	빌	허	92
II 3	匹	짝	필	102	5급	許	허락	허	35
5급	必	반드시	필	90	4급	革	가죽	혁	15
5급	筆	붓	필	49	6급	現	나타날	현	92
7급	下	아래	하	25	II 4	賢	어질	현	78
II 3	何	어찌	하	52	II 4	血	피	혈	93

급수	표제자	훈음		page	급수	표제자	훈음		page
II 4	協	화합할	협	93	II 3	皇	임금	황	95
8급	兄	형/맏	형	93	6급	黃	누를	황	65
4급	刑	형벌	형	79	II 4	回	돌아올	회	35
6급	形	모양	형	93	6급	會	모일	회	78
II 4	惠	은혜	혜	69	7급	孝	효도	효	86
II 3	乎	어조사	호	59	5급	效	본받을	효	81
II 4	呼	부를	호	61	4급	厚	두터울	후	56
4급	好	좋을	호	58	7급	後	뒤	후	77
5급	湖	호수	호	93	6급	訓	가르칠	훈	68
II 4	戶	집/지게	호	83	7급	休	쉴	휴	95
II 3	虎	범	호	102	5급	凶	흉할	흉	96
6급	號	이름	호	40	II 3	胸	가슴	흉	95
4급	或	혹	혹	94	5급	黑	검을	흑	96
4급	婚	혼인할	혼	94	II 4	興	일어날	흥	96
4급	混	섞을	혼	94	4급	喜	기쁠	희	96
4급	紅	붉을	홍	94	II 4	希	바랄	희	96
5급	化	될/화할	화	40					
6급	和	화할/화목할	화	68					
8급	火	불	화	34					
7급	花	꽃	화	95					
4급	華	빛날	화	48					
6급	畫	그림	화	94					
		그을	획						
7급	話	말씀	화	55					
II 4	貨	재물	화	75					
5급	患	근심	환	41					
4급	歡	기쁠	환	95					
7급	活	살	활	43					

속담풀이 정선

✻ 가까운 길 마다하고 먼 길로 간다.
편하고 빠른 방법이 있는데도 구태여 어렵고 힘든 방법을 택한다는 뜻.

✻ 가는 날이 장날이다.
생각하지 않고 간 날이 마침 장날이었다는 말이니, 뜻밖의 일이 공교롭게 잘 들어맞을 때 하는 말.

✻ 가는 말에 채찍질한다.
잘 하는 일을 더 잘 하게끔 격려한다는 뜻.

✻ 가는 말이 고와야 (예뻐야) 오는 말도 곱다.
남에게 말이나 행동을 좋게 하여야 자기에게도 좋은 반응이 돌아온다는 말.

✻ 가는 방망이 오는 홍두깨.
세상 일이 내가 남에게 조금이라도 잘 못하면, 나에게는 더 큰 해가 돌아온다는 뜻.

✻ 가는 정이 있어야 오는 정이 있다.
상대방이 잘해 주기를 바란다면 먼저 상대방에게 잘해 주어야 한다는 뜻.

✻ 가랑비에 옷 젖는 줄 모른다.
조금씩 재산이 없어지는 줄 모르게 줄어드는 것을 말한 뜻.

✻ 가뭄에 콩 나듯 한다.
가물때 콩이 드문드문 나는 것과 마찬가지로, 어떤 일이나 물건이 드문드문 있음을 비유하는 말.

✻ 가을 부채는 시세가 없다.
쓰는 시기가 지난 것은 값어치가 없다는 뜻.

✻ 가재는 게 편이다.
가재도 게와 모양이 비슷하기 때문에 게 편을 든다는 말이니, 서로 비슷한 것끼리 한편이 된다는 뜻.

✻ 간에 가 붙고 쓸개에 가서 붙는다.
자기 이해만 계산해서 체면과 인격은 생각하지 않고, 자기에게 이로운 대로만 붙어 아첨하는 사람을 두고 이르는 말.

✻ 간에 기별도 안 간다.
음식을 너무 조금 먹어서 양에 차지 않는다는 뜻.

✻ 감나무 밑에 누워 감이 떨어지기를 기다린다.
무슨일이고 노력 없이 이익을 바란다는 뜻.

✻ 값도 모르고 싸다고 한다.
일의 속내(사정)도 잘 모르고 이러쿵 저러쿵 한다는 뜻.

✻ 값싼 것이 비지떡 이다.
값이 싸면 품질도 별 수 없이 나쁘다는 말.

✻ 개 같이 벌어서 정승같이 쓴다.
천한 일을 하여 돈을 벌어서, 쓸때는 깨끗하고 보람있게 쓴다는 뜻.

✻ 개구리 올챙이 적 생각을 못한다.
자기의 지위가 높아지면 지난날 미천하고 어려울 때 생각은 못한다는 뜻.

✻ 개똥도 약에 쓰려면 없다.
상당히 흔하던 물건도 정작 필요할 때가 되어 찾으면 없다는 뜻.

✻ 개미가 정자나무 건드린다.
약자가 힘을 여럿 모아 센 사람에게 대담하게 맞서나가는 경우에 이르는 말.

✻ 개미 금탑 모으듯 한다.
재물을 조금씩 알뜰히 모은다는 뜻.
부지런히 벌어서 재산을 모으는 사람을 두고 가리켜 하는 말.

✻ 개밥에 도토리.
따로 따돌림을 받아 여러 사람과 어울리지 못하는 사람을 말함.

✻ 개천에서 용 난다.
변변치 못한 집안에서 훌륭한 인물이 났을 때 쓰는 말.

✻ 개 팔자가 상팔자다.
주는 대로 먹고 자는 개가 부럽다는 뜻으로 ,일이 고생스러운 때 쓰는 말.

✻ 거미도 줄을 쳐야 벌레를 잡는다.
거미도 줄을 치지 않고는 벌레를 잡을 수 없는 것과 같은 이치로, 모든 일은 준비가 있어야 결실을 얻을 수 있다는 뜻.

✻ 겨 묻은 개가 똥 묻은 개 나무란다.
자기의 커다란 잘못은 깨닫지 못하고 남의 작은 잘못만 흉본다는 뜻.

✻ 계란으로 바위치기.
처음부터 감당하지 못할 일. 아무리 해도 되지 않을 방법으로 무턱대고 일을 추진하려는 것을 두고 하는 말.

✻ 고기도 자기 놀던 물이 좋다.
평소에 낯익은 곳이 좋다는 말이니 정든 제 고장이 좋고 항상 가까이 지내는 사람들 사이에 있는 것이 좋다는 뜻.

✻ 꼬리가 길면 밟힌다.
아무리 남이 몰래 하는 일도 오래 계속하면 결국은 들키게 된다는 뜻.

✻ 고래 싸움에 새우 등 터진다.

남의 싸움에 아무 관계없는 사람이 해를 입거나 윗사람들 싸움으로 아랫사람이 해를 입을 때 쓰는 말.

❋ 고생 끝에 낙이 온다.
어려운 일 괴로운 일을 겪고 나면 즐겁고 좋은 일이 찾아 온다는 말.

❋ 고양이 목에 방울 단다.
실행할 수 없는 헛일을 쓸 데 없이 의논할때 쓰는 말.

❋ 고양이와 개 사이다.
고양이와 개는 언제나 사이가 좋지 못하기 때문에, 서로 원수같이 지내는 사이에 쓰는 말.

❋ 공자앞에서 문자 쓴다.
어떤 사실에 대하여 더 많이 알고 있는 사람도 가만히 있는데 별로 아는것도 없으면서 아는 척 하는 사람을 두고 하는말.

❋ 구관이 명관.
옛날부터 오래 있던 사람은 그곳에서의 지낸동안 여러 가지 상황을 잘 알고 있으므로 새로 부임하여 아무리 잘하려고 해도 구관의 경험과 일처리보다 못하다는 말.

❋ 구렁이 담 넘어가듯 한다.
구렁이는 몸 움직임이 빠르지 못하고 소리도 내지 않고 기어 다니므로, 어떤 일을 해결하는 데 있어 음흉하게 하는 사람을 두고 하는 말.

❋ 구르는 돌에는 이끼가 끼지 않는다.
한곳에 가만히 있는 돌에나 이끼가 끼지, 구르는 돌에는 이끼가 끼지 않는다는 말.

❋ 구슬이 서 말이라도 꿰어야 보배.
아무리 좋은 것이라도 쓸모있는 것으로 끝을 맺어 놓아야만 그 가치가 있다는 뜻.

❋ 굳은 땅에 물이 괸다.
검소하고 절약하는 결심이 굳은 사람이라야 재산을 모을 수 있다는 말.

❋ 굼벵이도 밟으면 꿈틀한다.
아무리 보잘 것 없고 우둔한 놈이라도, 너무 멸시하면 반항한다는 뜻.

❋ 귀가 보배로다.
공부는 못하지만 귀로 들어서 약간의 지식이 있는 사람을 약올일때 쓰는 말.

❋ 귀머거리 삼년이요, 벙어리 삼년이라.
여자가 처음 시집을 가서 시집살이 하기가 매우 어렵다는 말.

❋ 귀신 씨나락 까먹는 소리.
보이지 않는 곳에서 몇 사람이 모여 수군거리는 것을 비웃는 말.

❋ 그림의 떡.
그림의 떡은 먹을 수 없기 때문에, 실제로는 아무 소용 없는 것을 두고 하는 말.

❋ 긁어 부스럼.
필요 없는 짓을 하여 자기 스스로 재화를 끌어들인다는 말.

❋ 금강산도 식후경.
배가 고프면 구경할 기분이 안난다는 뜻.

❋ 급하다고 갓 쓰고 똥누라 ?
아무리 급하더라도, 무리하게 일을 해서는 안된다는 뜻.

❋ 급할수록 돌아가라.
급할수록 허둥대다가 더욱 늦게 가고 다른길로 가기 쉬우니 빠른길을 택하지 말고 정확한길로 가라. 즉, 차분하게 일처리 하라는 말.

❋ 기는 놈위에 나는 놈 있다.
아무리 재주가 있다고 해도 그 위에는 더 나은 사람이 있고, 또 그보다 높은 사람이 있으니 너무 자랑 말라는 뜻.

❋ 기와 한 장 아끼려다 대들보 썩힌다.
조그마한 것을 아끼다가 오히려 큰 손해를 본다는 뜻.

❋ 기차 화통 삶아 먹는 소리.
목청이 크고 소리를 크게 지르는 사람의 말을 두고 비양거리는 말.

❋ 김칫국부터 마시지 마라.
어떤일이나 상황의 진척이 앞으로 어떻게 될찌 모르는 상황이니 지레 짐작으로 그렇게 될 것으로 믿고 행동하지 말라는 뜻.

❋ 까마귀는 검어도 살은 희다.
겉모양만을 보고 모든것을 판단하지 말고 속마음까지 생각해보라는 뜻.

❋ 꿩 대신 닭.
자기가 원하던 것이 없으면, 그와 비슷한 것으로 대신 쓴다는 뜻.

❋ 나는 새도 떨어뜨린다.
권세가 대단하여 모든 일을 자기 뜻대로 한다는 말.

❋ 낙락장송도 근본은 종자.
아무리 훌륭한 인물도 애초엔 다 평범한 사람 이었다는 뜻.

❋ 낙숫물이 댓돌을 (바위를) 뚫는다.
별로 대단해 보이지 않은 힘도 오래 지속하면, 큰 일을 이룰 수 있다는 뜻.

❋ 낙타 바늘 구멍에 들어가기.
아주 굉장히 하기 어려운 것을 비유하는 말.

❋ 날면 기는 것이 능하지 못하다.
한가지 일에 다른 사람보다 능한 것이 있으면, 그 반면에 능하지 못 한 것도 있다는 뜻.

✿ **남의 눈에 눈물 내면 제 눈에는 피눈물 난다.**
남에게 모질고 악하게 굴면 그보다 더 큰 재앙을 스스로 받는다는 뜻.

✿ **남의 떡이 커 보인다.**
똑 같은 떡을 들고도 남이 들고 있는것이 더 커보여 바꾸고(빼앗고) 싶은 마음이 드는것을 말함.

✿ **남의 흉, 한 가지면 제 흉은 열 가지.**
제 잘못은 생각지 않고 남의 흉만 본다는 뜻.

✿ **낫 놓고 기역자(ㄱ)도 모른다.**
무식한 사람을 두고 이르는 말.

✿ **낮말은 새가 듣고 밤 말은 쥐가 듣는다.**
아무리 비밀로 해도 한 말은 결국 남의 귀에 들어 가게된다는 말.

✿ **낮가죽도 두껍다.**
도무지 염치가 없고 뻔뻔스러워 부끄러워 할 줄 모르는 사람을 일컫는 말.

✿ **내 손에 장을 지져라.**
자신의 주장이 틀림없다고 확신할때 자주 쓰는 말.

✿ **내 코가 석 자.**
내 사정이 급하여 남의 걱정까지 할 여유가 없다는 뜻.

✿ **냉수 먹고 이 쑤신다.**
실속은 아무 것도 없으면서 겉으로 있는 체 필요없는 짓을 한다는 말.

✿ **농담 끝에 살인 난다.**
농담이 지나치면 큰 싸움이 나서 살인까지 하는 경우도 있으므로 농담을 조심하라는 말.

✿ **놓친 고기가 더 커보인다.**
사람은 무엇이나 지나간 것을 더 아쉽게 여긴다는 뜻.

✿ **누워서 떡 먹기**
어떤 일을 하는데 힘이 전혀 들지 않고 쉽게 할 수 있다는 말.

✿ **누워서 침 뱉기.**
남에게 해를 끼치려다가, 도리어 자기에게 해가 될 때 쓰는말.

✿ **눈먼 자식 효도한다.**
호의호식, 금지옥엽으로 키운 자식보다 오히려 구박받고 자란 자식이 효도하는 예가 더 많다는 말.

✿ **능구렁이 다 되었다.**
겉으로는 세상 일을 모르는체 하면서도 속으로는 자신의 실속만 차리는 능구렁이 같은 사람을 두고 이르는 말.

✿ **늦게 배운 도둑이 날새는 줄 모른다.**
어떤 일에 재미를 모르다가 늦게서야 재미를 붙이면 몹시 열중한다는 뜻.

✿ **늦잠은 가난 잠이다.**
아침에 일찍 일어나지 않고 늦까지 자는 버릇이 있으면, 게을러서 가난하게 된다는 뜻.

✿ **다 된 밥에 재 뿌리기.**
잘되어 가던 일을 갑자기 어리석게 망쳐 실패가 되었을 때 쓰는 말.

✿ **달걀로 돌(바위) 치기.**
달걀로 돌을 친댔자 돌이 깨질 리가 있나? 약한 세력으로 강한 것에 아무리 대항하여도 소용없다는 뜻. 약한 힘으로 강한 것을 당해 내려는 어리석음을 비웃는 말.

✿ **달면 삼키고 쓰면 뱉는다.**
신의나 지조를 생각하지 않고 자기에게 이로우면 가깝게 사귀고 필요하지 않으면 배척한다는 말.

✿ **닭 소 보듯 소 닭 보듯.**
서로 마주 보면서도 모르는 척 한다는 말.

✿ **닭 잡아 먹고 오리발 내민다.**
자기가 저지른 나쁜 일이 드러나게 되자 서투른 수단으로 남을 속이려 할 때 하는 말.

✿ **닭 쫓던 개 지붕 쳐다본다.**
하려고 애쓰던 일이 실패로 돌아가거나 같이 애를 쓰다가 남에게 뒤떨어져 어찌할 도리가 없이 민망할 때 이르는 말.

✿ **도랑치고 가재 잡는다.**
도랑을 쳐 놓고 가재를 잡으면 가재가 있을 턱이 있나? 일의 순서가 맞지 않을 때 쓰는 말.

✿ **독 안에 든 쥐.**
아무리 애를 쓰고 노력하여도 벗어나지 못하고 꼼짝할 수 없는 처지에 놓여 있다는 말.

✿ **돌다리도 두드려 보고 건너라.**
비록 잘 아는 틀림없는 일이라도 모든 일에 세심한 주의를 기우리이라는 말.

✿ **동무 따라 강남 간다.**
자기는 별로 하고 싶지 않은 일을 남에게 이끌려서 좇아 하게 되는 경우에 쓰는 말.

✿ **동문서답.**
어떤 질문에 대하여 그와 전혀 관계없는 모순된 대답을 할때 쓰는 말.

✿ **되로 주고 말로 받는다.**
좋은 일이나 나쁜 일에 있어 조금 주고 그 댓가로 몇 갑절이나 더 받는다는 말.

✿ **된장에 풋고추 박히듯.**
어떤 곳에 들어가서 꼭 들여박혀 있는 것을 나타낸 말.

✿ **될성부른 나무는 떡잎부터 알아본다.**
위대한 사람이나 인재는 처음부터 그 기미가 엿보인다는 뜻.

✤ 두꺼비 씨름이라.
두꺼비 씨름은 승패를 결정짓기 어렵기 때문에 피차 일반이라는 뜻.

✤ 둘러치나 매어치나 매일반.
이렇게 하나 저렇게 하나 똑 같다는 뜻.

✤ 뒤로 자빠져도 코가 깨진다.
운이 나쁜 사람은 전혀 상관없는 일에서도 해를 입는다는 뜻.

✤ 뒤로 호박씨 깐다.
겉으로는 어리석은 체하면서 속마음이 엉큼하여 딴짓을 하는 사람을 이르는말.

✤ 드는 줄은 몰라도 나는 줄은 안다.
무엇이고 드는 것은 잘 감추고 모르지만 주는 흔적은 잘 나타난다는 뜻.

✤ 듣기 좋은 이야기도 항상 들으면 싫다.
아무리 듣기 좋은 말이라 할지라도 여러 번 되풀이하여 들으면 싫증이 생긴다는 뜻.

✤ 들은 풍월 얻은 문자.
배우고 읽어서 얻은 학식이 아니라, 얻어 들으면서 문자를 조리있게 쓰는 사람을 두고 이르는 말.

✤ 땅 짚고 헤엄치기.
손으로 땅을 짚고 헤엄치는데 물에 빠져 죽을 리 있겠는가? 어떤 일이 쉽다는 뜻.

✤ 떡 본 김에 제사 지낸다.
어떤 일을 하는데 그 일에 꼭 필요한 물건을 가지게 되자, 곧 그것을 이용해서 또 다른 일을 해결하고자 할 때 쓰는 말.

✤ 똥 누러 갈 적 마음 다르고 올 때 마음 다르다.
사람의 마음이란 변덕스럽고 구차하여 자주 변하는 것을 이르는 말.

✤ 뚝배기보다 장 맛.
겉 보기에는 보잘 것 없으나 내용은 겉에 비하여 훨씬 실속이 있다는 뜻.

✤ 뛰는 놈 위에 나는 놈이 있다.
뛰어난 사람이 있으면 그보다 더 뛰어난 사람이 있다는 뜻.

✤ 뛰어 봐야 벼룩이지.
벼룩이 제아무리 뛰어봐도 보잘것없는 것같이 제딴엔 아무리 훌륭하다고 해도 별 볼 일이 없다는 뜻.

✤ 마파람에 게눈 감추듯.
남풍에는 대개 비가 함께 오므로, 남풍만 불면 게가 겁을 내고 눈을 재빨리 감추므로, 음식을 어느 틈에 먹었는지 모를 정도로 빨리 먹어버린 것을 두고 이르는 말.

✤ 말똥에 굴러도 이승이 좋다.

아무리 고생을 하더라도 죽는 것보다는 사는 것이 낫다는 말.

✤ 말 많은 집에 장맛도 쓰다.
집안에 잔말이 많으면 살림이 잘 안된다는 뜻.

✤ 말 속에 뼈가 있다.
예사롭게 하는 말 속에 단단한 속뜻이 들어 있음을 이르는 말.

✤ 말은 적을수록 좋다.
사람이 말이 많으면 쓸 말보다도 필요없는 말을 많이 하게 되어 그 결과가 좋지 못하다는 뜻.

✤ 말 잃고 마굿간 고친다.
평소에 준비없이 실패한 다음에, 뒤늦게 대비한다는 뜻.

✤ 망둥이가 뛰니까 꼴뚜기도 뛴다.
아무것도 모르고 남이 하니까 따라 한다는 말.

✤ 멍군아 장군아.
양쪽의 정도가 서로 비슷하여 승패가 없듯 어떤 일의 시비를 가려내기 어렵다는 말.

✤ 메뚜기도 오유월이 한철이다.
사람에게는 누구나 운과 기회가 한번쯤은 있다는 뜻.

✤ 모기도 낯짝이 있지.
염치없고 뻔뻔스럽다는 말.

✤ 모르면 약이요, 아는 게 병이라.
아무것도 모르면 마음이 편안하고 좋으나, 무엇을 좀 알게 되면 도리어 걱정거리만 되어 해롭다는 말.

✤ 목구멍에 풀칠한다.
굶어 죽을 정도는 아니고 겨우 먹고 연명한다는 말.

✤ 못 먹는 감 찔러나 본다.
자기가 갖지 못할 바에야 남도 갖지 못하도록 못 쓰게 만들자는 뒤틀린 마음을 이르는말.

✤ 못된 송아지 엉덩이에 뿔 난다.
되지도 못한 자가 건방지고 좋지 못한 행동을 하는 것을 두고 하는 말.

✤ 무소식이 희소식이다.
그럭 저럭 별탈없이 지내고 있으면 연락이 없지만 무슨 큰일이 발생하게 되면 연락이 잦으므로 소식이 없는것이 곧 희소식이란말.

✤ 무쇠도 갈면 바늘 된다.
무쇠도 닦으면 가늘고 작은 바늘이 될 수 있다는 말이니, 열심히 노력하면 어떤 힘든 일도 할 수 있다는 뜻.

✤ 미꾸라지 한 마리가 온 웅덩이 흐린다.
못된 사람 하나가 온 집안이나 사회에 해를 끼친다는 뜻.

✤ 미운 놈 떡 하나 더 준다.
미운 사람일수록 더욱 더 잘 대우하여 감정이 상하지 않고 좋은 감정을 갖도록 하여야 한다는 뜻.

✤ 밑도 끝도 없다.

시작도 끝맺음도 없다는 뜻으로서 무슨 일인지도 모르는 말을 불쑥 할 때 쓰는 말.

✽ **밑빠진 독 (가마) 에 물 붓기.**
아무리 큰 힘을 들여 애써서 하는 일이 끝이 없고, 보람도 생기지 않을때에 쓰는 말.

✽ **바늘 간 데 실 간다.**
바늘과 실이 서로 따라 다니는 것과 같이 항상 친한 사람끼리 서로 붙어다니게 된다는 뜻.

✽ **바늘 도둑이 소도둑 된다.**
나쁜 일일수록 점점 버릇이 되어 나중에는 큰 일까지 저지르게 된다는 뜻.

✽ **방귀 뀌고 성낸다.**
자신이 잘못하고도 되려 성을 낸다는 뜻.

✽ **배움 길에는 지름길이 없다.**
학문은 착실히 순서대로 공부해 나가야지 다른 방법이 없다는 말.

✽ **백번 듣는 것이 한번 보는 것만 못하다.**
무엇이고 여러번 듣기만 하는 것보다도 실제로 한번 보는 것이 더 확실하다는 뜻.

✽ **백짓장도 맞들면 낫다.**
가벼운 백짓장도 서로 맞들면 쉽다는 말이니, 아무리 쉬운 일이라도 혼자 하는 것보다는 힘을 합해서 하면 더욱 효과적이라는 말.

✽ **버들가지 바람에 꺾일까.**
알아서 잘 할것을 너무 염려하거나 걱정하지 말라고 하는 말.

✽ **번개가 잦으면 비가 온다.**
무슨 일의 징조가 자주 나타나면, 결국 그 일을 겪고야 만다는 뜻.

✽ **범에게 물려가도 정신만 똑바로 차리면 살수 있다.**
아무리 어려운 때를 당하더라도 정신만은 똑바로 차리면 그 난관을 극복할 수 있다는 말.

✽ **벼는 익을수록 고개를 숙인다.**
알이 꽉찬 벼는 무거워 고개를 숙이고 있는 모습을 사람이 속으로 꽉찬 (실력이 있는) 사람은 잘 아는체를 하지 않고 더욱더 겸손하게 행동한다는 뜻.

✽ **보기에 좋은 떡이 먹기도 좋다.**
속내용이 좋으면 겉모양도 좋아보인다는 뜻.

✽ **보채는 아이 밥 한 술 더준다.**
무슨 일이든 가만히 있지 않고 조르며 서두르는 사람에게 더 잘해준다는 말.

✽ **부지런한 부자는 하늘도 못 막는다.**
부지런한 사람은 틀림없이 부자가 된다는 뜻.
부지런한 사람은 남는 것이 있지만, 게으른 사람은 먹을 것도 없다는 말.

✽ **비는 데는 무쇠도 녹는다.**
자신의 잘못을 빌고 사과하면, 아무리 성격이 모질고 강한 사람이라도 용서하게 된다는 뜻.

✽ **빈 수레가 더 요란하다.**
사람도 지식이 부족하고 교양이 없는 사람일수록 더 아는 체 한다는 뜻.

✽ **빛 좋은 개살구.**
개살구는 색은 좋으나 맛은 없으므로, 겉모양은 좋은 것 같지만 실속이 없다는 뜻.

✽ **뿌린 대로 거둔다.**
씨를 뿌린대로 수확하게 된다는 말.

✽ **사공이 많으면 배가 산으로 올라간다.**
일에 간섭하는 사람이 많으면, 갈피를 잡을 수가 없어 실패할 경우가 많다는 뜻.

✽ **사람은 죽으면 이름을 남기고, 범은 죽으면 가죽을 남긴다.**
사람이 살아있을 때 훌륭한 일을 해야 이름을 후세에까지 남기게 할 수 있다는 말.

✽ **사촌이 땅을 사면 배가 아프다.**
일가 친척이나 이웃이 다소 잘 되는 것을 보면 괜히 시기하는 사람을 두고 하는 말.

✽ **사흘 책을 안 읽으면 머리에 곰팡이가 슨다.**
책을 안 보면 머리가 나빠진다는 뜻.

✽ **산에 가야 범을 잡는다.**
발벗고 적극적으로 나서야 그 일을 성공할 수 있다는 뜻.

✽ **산전 수전을 다 겪었다.**
세상의 어려운 일을 겪을대로 다 겪었다는 뜻으로 이르는 말.

✽ **살얼음을 밟는 것같다.**
위태위태하여 마음이 몹시 불안할 때 쓰는 말.

✽ **삼천 갑자 동방삭이도 제 죽을 날 몰랐다.**
사람은 누구나 자기의 운명을 모른다는 말.

✽ **새도 가지를 가려 앉는다.**
친구나 일 따위를 잘 가려서 해야 한다는 뜻.

✽ **새발의 피.**
굉장히 적은 양을 두고 하는 말.

✽ **새우 싸움에 고래 등 터진다.**
남의 싸움에 아무 관계 없는 사람이 해를 입거나 아랫사람들 싸움으로 윗사람이 해를 입을 때 쓰는 말.

✽ **생선 망신은 꼴뚜기가 시킨다.**
바보스러운 사람은 언제나 제가 포함하고 있는 단체의 여러 사람에게 안좋은 행동만 하고 다니며 폐를 끼친다는 뜻.

✽ **서당 개 삼 년이면 풍월을 읽는다.**
무슨 일이든 하는 것을 오래 보고 듣게 되면 모르던

사람도 자연히 견문이 생긴다는 말.

✳ 선불 맞는 호랑이 뛰듯.
총알을 빗 맞은 호랑이가 그러듯이 화가 나서 펄펄 뛰는 사람을 두고 하는 말.

✳ 세 살 적 버릇 여든까지 간다.
어렸을 때 버릇은 늦어서도 고치기 힘들다는 뜻.

✳ 소도 언덕이 있어야 비빈다.
사람도 의지 할 데가 없으면 성공을 바랄 수 없다는 뜻.

✳ 소 잃고 외양간 고친다.
실수한 뒤에 방비하는 경우에 쓰는 말.

✳ 속 빈 강정 같다.
아무 실속없이 속이 텅 빈 것을 가리켜 하는 말.

✳ 쇠(소) 귀에 경 읽기.
아무리 가르치고 알려 주어도 알아듣지 못함을 조롱 하여 가리키는 말.

✳ 쇠뿔도 단 김에 빼라.
무슨 일을 하려고 했으면 주저 없이 곧 행동으로 옮 기라는 뜻.

✳ 수박 겉 핥기.
일의 속내용도 모르고 겉으로만 건성으로 그 일을 하 는 척하며 넘긴다는 뜻.

✳ 술 덤벙 물 덤벙.
저에게 이익이 되는지 해가 되는지도 모르고 함부로 행동하는 사람을 두고 이르는 말.

✳ 식은 죽도 불어 가며 먹어라.
무엇이든 틀림없는 일인지 잘 알아 보고 조심해서 하 라는 뜻.

✳ 식자 우환.
아는 것이 오히려 화근이 되었다는 뜻.

✳ 십 년이면 강산도 변한다.
세월이 흐르면 변하지 않는 것이 없다는 말.

✳ 싼 것이 비지떡.
값이 싼 물건은 품질도 좋지 않다는 뜻.

✳ 쌍지팡이 짚고 나선다.
기를 쓰고 나서서 간섭한다는 뜻.

✳ 쓰면 뱉고, 달면 삼킨다.
신의는 돌아보지 않고 자신에게 이로운 곳으로 가담 한다는 뜻.

✳ 아니 땐 굴뚝에 연기 날까.
원인이 없으면 결과가 없다는 뜻.

✳ 아닌 밤중에 홍두깨.
예상치도 않았는데 갑자기 뭔가가 나타나는 것을 이 르는 말.

✳ 아이 보는 데 찬물도 못 마신다.
남이 하는대로만 좇아 행동하는 사람을 보고 하는 말.

✳ 안되는 일은 넘어져도 코가 깨진다.
일이 안 될 때에는 예측할 수 없던 뜻밖의 재화까지 겹쳐 일어난다는 뜻.

✳ 안보면 마음도 멀어진다.
아무리 가까운 친척이라할찌라도 보지 않고 지내는 시간이 길어지면 몸도 마음도 멀어진다는 말.

✳ 안성 마춤이라.
안성은 옛부터 유기의 명산지였기 때문에 주문에 꼭 맞도록 만들었다. 그래서, 물건이 튼튼하고 마음에 꼭 들 때 하는 말.

✳ 앞길이 구만리 같다.
장래가 창창하고 희망이 많이 남아 있다는 말.

✳ 약방에 감초.
무슨 일에서든지 반드시 있어야 하는 사물을 이르는 말.

✳ 암전한 강아지 부뚜막에 먼저 오른다.
겉으로는 얌전한 척하는 사람이 먼저 얌체 같은 짓을 할 때 쓰는 말.

✳ 양지가 있으면 음지가 있기 마련이다.
좋은 일이 있으면 반드시 나쁜 일도 있다는 말.

✳ 어둔 밤중에 홍두깨 내밀듯.
별안간 생각지도 않던 일을 한다는 뜻.

✳ 어물전 망신은 꼴뚜기가 시킨다.
못난 것은 언제나 자기가 속해 있는 단체나 여러사람 에게 폐를 끼친다는 뜻.

✳ 어부지리.
양자가 다투는 사이에 제삼자가 이익을 얻게 되었을 때에 쓰는 말.

✳ 언 발에 오줌 누기.
잠시 동안만 효과가 있을 뿐 곧 효력이 없어지고 마 침내 더 나쁘게 될 일을 한다는 말로, 앞일을 내다보 지 못함을 이름.

✳ 얻어 들은 풍월.
정식으로 배운 것이 아니라 남으로부터 들어서 얻은 지식을 말한다.

✳ 엎질러진 물은 다시 주워 담지 못한다.
한번 저지른 실수는 다시 수습하기 어렵다는 뜻.

✳ 엎친 데 덮친 격이다.
불행한 일을 당하고 있는데 또 다른 불행이 다가선다 는 말.

✳ 열 번 찍어 아니 넘어가는 나무 없다.
계속해서 노력하면 기어이 뜻대로 이룬다는 뜻.

✳ 오뉴월 감기는 개도 안 걸린다.
여름에 감기 앓는 사람은 못난 사람이라고 조롱하는 말.

✳ 오라는 데는 없어도, 갈 데는 많다.
일없이 한가한 사람이 오히려 바쁘고 갈 곳이 많다는

뜻으로 쓰는 말.

✳ 오십 보 백 보.
오십보나 백보나 거기서 거기라는 말.

✳ 옥에도 티가 있다.
아무리 훌륭한 사람이라도 한 가지 결점은 있다는 뜻.

✳ 올챙이 적 생각은 못 하고 개구리 된 생각만 한다.
성공한 사람이 옛날 어려웠던 때는 잊어버리고 거만한 행동을 한다는 뜻.

옥새 여울목 넘겨다 보듯.
남에게 들키지 않게 몸을 감추고 있으면서, 제 이익만을 취하려는 사람을 두고 하는 말.

✳ 외상이라면 소도 잡아 먹는다.
뒷일이야 어떻게 되든, 외상이라면 당장 하고 싶은 대로 한다는 말.

✳ 용의 꼬리보다 닭의 머리가 낫다.
좋은 곳에서 꼴찌 하는것보다 약간 못한 곳에서 첫째가 낫다는 말.

✳ 우물 안 개구리.
보고 들은 것이 없어 세상 물정에 어두운 사람을 두고 하는 말.

✳ 우물에 가 숭늉을 달랜다. (찾는다.)
모든 일은 절차와 결과가 있는데 그것을 무시하고 성급하게 서두른다는 뜻.

✳ 우물을 파도 한 우물 파라.
무슨 일이든 시작하면 끝까지 철저히 하지 않으면 성공할 수 없다는 뜻.

✳ 울며 겨자 먹기.
하기 괴로운 일을 별 수 없이 억지로 한다는 뜻.

✳ 웃는 낯 (얼굴)에 침 못 뱉는다.
간절히 빌고 용서를 구하는 사람에게는 욕할 수 없다는 뜻.

✳ 웃으면 복이 온다. (와요).
웃음이 보약, 웃는것이 건강에도 좋으며 화도 면할 수 있다는 말로 요즘 많이 강조되고 있는 말.

✳ 윗물이 맑아야 아랫물이 맑다.
윗사람이 나쁜 짓을 하면 아랫 사람도 따라서 잘못을 저지르게 된다는 말.

✳ 원님 덕에 나팔 분다.
다른 사람 덕에 호강한다는 뜻.

✳ 원숭이도 나무에서 떨어진다. (떨어질 때가 있다)
아무리 숙달된 사람일지라도 실수할 때가 있다는 말.

✳ 유비 한중 믿듯.
어떤 일을 꼭 믿고, 의심하지 않는 것을 이르는 말.

✳ 은진(恩津)은 강경(江景)으로 꾸려간다.
남의 덕분으로 겨우 유지되어 나갈 수 있다는 말.

✳ 이웃 사촌.
이웃 사람끼리 서로 돕고 사이좋게 지내는 것을 가리키는 말.

✳ 익은 밥 먹고 선 소리한다.
필요 없는 말을 한다는 뜻.

✳ 일에는 굼벵이요, 먹는 데는 돼지다.
일은 게으르게 느릿느릿 하면서도 먹는 것은 많이 먹는다는 뜻.

✳ 임도 보고 뽕도 딴다.
한꺼번에 두 가지 일을 이루고자 꾀하는 것을 이르는 말.

✳ 입에 맞는 떡.
자기 성격과 마음에 꼭 맞는다는 뜻.

✳ 자다가 봉창을 두드린다.
갑자기 얼도당토 않은 소리를 한다는 뜻.

✳ 자라 보고 놀란 가슴 (놈이) 솥뚜껑 보고도 놀란다.
어떤 일에 한번 몹시 놀란 사람은 비슷한 것만 보아도 겁을 집어먹는다는 뜻.

✳ 작게 먹고 가는 똥 누지.
일에 욕심내지 않고 여유를 가지고 알맞게 하는 것이 마음 편하고 좋다는 뜻.

✳ 작은 고추가 더 맵다.
작은 사람이 큰 사람보다도 더 훌륭한 일을 해낸다는 뜻.

✳ 잔디밭에서 바늘 찾기.
아무리 찾아도 눈에 띄지 않을 때 쓰는 말.

✳ 잘 되면 충신이요, 못되면 역적이라.
같은 일이라도 잘되면 칭찬을 받고, 실수하면 야단을 맞는다는 것.

✳ 재주는 곰이 넘고 돈은 뙤놈이 번다.
엉뚱한 사람이 이익을 본다는 뜻.

✳ 저녁 굶은 시어미 상(相)
보통 얼굴 빛을 찡그리고 순한 빛이 없는 사람을 보고 이르는 말.

✳ 젊어서 고생은 사서도 한다.
젊어을 때 고생이 좀 되더라도 부지런히 노력하면 뒷날 큰 보람을 얻을 수 있다는 말.

✳ 정성이 지극하면 돌 위에 풀이 난다.
정성이 극진하면 이룰 수 없는 일도 이루어지는 수가 있다는 뜻.

✳ 제 논에 물 대기.
자기에게만 유리하게 하려고 꾀하는 사람을 두고 이르는 말.

✳ 제 눈에 안경이라.
남은 우습게 보는 것도 제 마음에 들면 좋게 생각된다는 뜻.

✳ 제 똥 구린 줄 모른다.

똥은 다 구린 냄새가 날 터인데, 제가 눈 똥은 구린 줄을 모른다는 말로 자신의 잘못은 자기가 느끼지 못한다는 뜻.

✽ 제 얼굴에 침 뱉기.
제가 한 일이 오히려 자기에게 안좋은 영향을 미치게 되었을 때 쓰는 말.

✽ 족제비도 낯짝이 있다.
염치없는 뻔뻔한 사람을 나무라는 말.

✽ 종로에서 뺨맞고 한강 가서 눈 흘긴다.
화풀이를 딴곳에서 한다는 뜻.

✽ 중이 제 머리 못 깎는다.
자신의 일을 제가 처리하기 힘들다고 할 경우에 쓰는 말.

✽ 쥐구멍에도 볕 들날이 있다.
고생을 심하게 해도 언젠가는 좋은 때가 온다는 말.

✽ 지성이면 감천이다.
사람이 아무리 어려운 일에 임하여도 정성이 지극하면 다 이룩할 수 있다는 말.

✽ 집에서 새는 바가지 밖에서도 샌다.
본래 제 천성이 좋지 않은 사람은 어디 가든지 똑같다는 말.

✽ 찬물도 위아래가 (선후가) 있다.
모든일에는 순서가 있으니 그 순서를 따라 해야 한다는 말.

✽ 참새가 방앗간을 그대로 지나랴.
자기가 좋아하는 곳을 그대로 지나치지 못한다는 뜻.

✽ 참을 인 (忍)자가 셋이면 살인도 면한다.
사람이 크게 화난 것을 참을 수만 있다면, 큰 화를 피할수 있다는 말.

✽ 첫 딸은 세간 밑천 (첫딸은 살림 밑천이다).
첫 딸은 집안 일에 크게 도움이 된다는 뜻.

✽ 충충하기가 노송나무 그늘일세.
마음이 음흉한 사람을 두고 이르는 말.

✽ 콩 심어라, 팥 심어라 한다.
작은일을 가지고 일일이 지나친 간섭을 한다는 뜻.

✽ 콩 심은 데 콩 나고, 팥 심은데 팥 난다.
모든 일은 원인에 따라 틀림없이 그 결과가 생긴다는 말.

✽ 콩이야 팥이야 한다.
여기나 저기나 끼어들 때 안 끼어들 때를 분간하지 않고 간섭하기 좋아하는 사람을 두고 비꼬아서 하는 말.

✽ 큰 둑도 개미 구멍으로 무너진다.
아주 작은 흠이라도 곧 고치지 않으면 그 흠 때문에 일을 망치게 된다.

✽ 태산을 넘으면 평지를 본다.
고생을 하고나면 그 다음에 즐거움이 찾아온다는 뜻.

✽ 털도 안 난 것이 날기부터 하려고 한다.
자신의 분수에 안 맞는 행동을 하려고 하는 사람을 보고 하는 말.

✽ 티끌 모아 태산이라.
아무리 적은 것이라도, 자꾸 모으면 큰 것을 이룰수 있다는 뜻.(이루게 된다는 뜻.)

✽ 팔은 안으로 굽는다.
팔이 자기쪽으로 굽듯이 누구나 가까운 사람에게 정이 더 간다는 말.

✽ 평양 감사도 저 싫으면 그만이다.
아무리 좋은 일이라도 자기 마음에 들지 않으면 억지로 시키기 힘들다는 뜻.

✽ 평지 풍파 (平地風波)
생각지도 않게 뜻밖에 갑자기 일어난 분쟁.

✽ 포도청 (捕盜廳)의 문고리 빼겠다.
보통 겁없고 담이 큰 사람을 두고 이르는 말.

✽ 피는 물보다 진하다.
부자·형제지간은 어떻든간에 가까운 사이라는 말.

✽ 핑계 없는 무덤이 없다.
무엇을 잘못하고도 반성하지 못하고 갖은 이유로 핑계를 삼는 사람을 일컬어 이르는 말.

✽ 하나를 보면 열을 안다.
일부를 보고 미루어 전체를 알 수 있다는 말.

✽ 하늘은 스스로 돕는 자를 돕는다.
선하고 착한 일을 하는 자에게는 하늘도 돕는다는 말.

✽ 하늘의 별 따기.
높은 하늘의 별을 따는 일만큼 지극히 어려운 일을 두고 하는 말.

✽ 하늘이 무너져도 솟아날 구멍이 있다.
아무리 큰 변을 당하더라도, 그곳으로부터 벗어날 묘책은 있다는 뜻.

✽ 하루 강아지 범 무서운 줄 모른다.
철모르고 함부로 덤비는 무모함을 이르는 말.

✽ 학문에는 왕도가 없다.
학문을 배움에는 그 어떤 특정한 방법으로도 따로 지름길이 없다는 말.

한번 엎지른 물은 다시 주워 담지 못한다.
한번 해버린 일은 전과 같이 하려고 해도, 다시 돌이켜 회복할 수 없다는 뜻.

✽ 호랑이도 제 말 하면 온다
이야기하고 있는데 마침 장본인이 그때 나타날 때 하는 말.

✽ 황소 뒷걸음질하다 쥐 잡는다.
미련하고 느린 사람도 어쩌다 한몫 할 때가 있다는 말.